Martine Chantal Fantuzzi

La Sposa dei Ghiacci

Tragedia in V atti

Martine Chantal Fantuzzi, nata nel novembre '95, ha due lauree in lettere classiche, entrambe con lode (conseguite a 21 e 23 anni), laureanda in filosofia, vincitrice del Premio Piazza Alfieri ('18 e '19), autrice di tre tragedie alfieriane (*Margherita Farnese* 2019, *La Tessitrice* 2020, *La Sposa dei Ghiacci* 2017 e 2020), scrive per diverse riviste internazionali, con Luca Cristini Editore ha pubblicato anche *La Tessitrice*, 2020, *Gli ultimi re di Sparta*, 2020, *L'Agide di Alfieri e il Mito di Sparta nel Secolo dei Lumi*, 2021 e *L'impossibile Altrove*, 2021.

BMS-015 La sposa dei ghiacci di Martine Chantal Fantuzzi
ISBN: 9788893276894 prima edizione Dicembre 2020
Editor: **Luca Stefano Cristini Editore per i tipi di Bookmoon Saggi**
www.bookmoon.com

A Dante e Anita

ELOGIO DELL'INATTUALE

Anche la letteratura contemporanea, in questi tempi di immediatezza e flusso globale dell'informazione, si avvicina al presente fino a identificarsi con l'attualità. L'istante, senza mediazioni, si trasferisce sempre più spesso nella pagina scritta, che diventa una sorta di diario giornaliero o fotocopia del quotidiano. La tecnologia, allora, entra a far parte della letteratura non solo come onnipresente fenomeno della nostra vita, ma come modello formale di una creatività che si limita a riprodurre la chiacchiera del momento. Manca, alla più parte delle scritture odierne, quell'elemento che permetteva alle pagine proustiane di dare prospettiva appunto alla chiacchiera: il Tempo.

Prendere tempo, prendere distanza, invertire il *[testo parzialmente illeggibile per pagina piegata]* dell'informazione, non cedere all'ideologia dell'espan*...* dello sviluppo, alle magnifiche sorti e progress*...* globalizzazione digitale, significa coltivare un'uto*...* agire nell'esistenza ma anche nella letteratura. C*...* una tragedia in versi sciolti, dichiaratame*...* sull'aulico modello di Vittorio Alfieri, fa u*...* provocatoriamente, rifiutando l'immediato e*...* una mediazione fatta appunto di tempo, *...* potesse ritrovarsi nel presente sostituen*...* si tratta, nel caso della *Sposa dei ghiacci*, di *...* in chiave ludica o postmoderna.

Nell'esperimento di Martine Chantal Fantuzzi, la forma metrica, il genere tragico e le passioni stesse della vicenda formano un'eco profonda, infinitamente ripetuta, che rimanda all'umanità nel senso più autentico: quella *humanitas* che nel nostro mondo sempre più integrato e connesso è sempre più assente.

RINALDO RINALDI

COMMENTO STRUTTURALE

La Sposa dei Ghiacci è una tragedia basata sulla dicotomia dello scontro tra amore e potere, purezza e slealtà, speranza e disillusione.

TRAMA - La brama di potere si snoda simbolicamente tra le figure di Ruggero e di Rinolfo, cognati.

Ruggero, giovane principe sdegnoso dei sentimenti e incurante degli affetti, consigliato da una misteriosa Donna Velata, sceglie di sposare Esteria, figlia del Re dei Ghiacci, solo perché, si dice, senza cuore, e per questo esentata dai rischi dell'amore. Ruggero, poi, avvelena il re, suo padre, per succedergli immediatamente.

Rinolfo, dopo l'improvvisa morte del Re dei Ghiacci, suo padre, consigliato dalla stessa Donna Velata, muove guerra a Ruggero, per riprendersi la dote della sorella e usurpare il trono del cognato.

L'amore puro e ideale si libra attraverso le figure di chi è lontano, ma non per questo estraneo, alla guerra familiare: la principessa Esteria e il consigliere Gherardo.

Esteria, vedendosi fronteggiare fratello e marito, avendo il cuore troppo nobile per comprendere l'umana cupidigia, trova conforto solo nell'onorevole amico Gherardo. A lui confessa di non essere, come tutti credono, senza cuore, bensì dal cuore di ghiaccio e, per questo, non incapace di amare o di soffrire, ma, come il ghiaccio è tanto gelido quanto facilmente condannato a sciogliersi, se toccato dal fuoco, così ella è capace solo d'amare o soffrire con estrema, sincera passione. Come solo il vero amore le può sciogliere il cuore, così un terribile dolore glielo può spezzare.

Gherardo, dal canto suo, confessa ad Esteria di amarla da sempre e, scoprendo d'esserne ricambiato, le promette di domandare a Ruggero d'esser sciolto dal giuramento di fedeltà e di cedergli la sposa, da lui veramente amata.

La cupidigia uccide l'amore. Ruggero, accecato dalla gelosia, alla confessione dell'amico, colpisce a morte Gherardo. Poi, incredulo che Esteria sia capace d'amare, ordina ad un messo di recarle la notizia della morte di Gherardo, per studiarne la reazione. Esteria, appresa la notizia che Gherardo giace morente, si suicida, gettandosi dalla torre più alta del maniero. Gherardo, appresa la morte dell'amata, muore, nella speranza di ricongiungersi, per sempre, a lei.

L'avidità stronca la vita. Ruggero e Rinolfo si affrontano in un ultimo duello, rinfacciandosi le proprie colpe, le proprie calunnie e accuse. I due giovani principi cadono entrambi, feritisi a vicenda a morte. La Morte si porta via Rinolfo, mentre la Donna Velata si avvicina a Ruggero. Sia Ruggero che Rinolfo, infatti, soggiacciono al pegno che entrambi hanno pattuito con la loro segreta consigliera, la Donna Velata: mentre Rinolfo, pur vincitore, muore per le ferite, Ruggero è condannato dalla misteriosa presenza all'immortalità, a regnare su un regno vuoto e obliato, privo di suo padre, del suo consigliere, della sua sposa.

La Donna Velata, consigliera d'inganni, si rivela tuttavia non essere direttamente la causa della Tragedia, poiché ella non è un'entità esterna ed estranea all'uomo, ma vive in esso ed in esso, nei suoi pensieri d'avidità, si compendia. In un ultimo, serrato dialogo tra Ruggero e la Donna Velata, emerge l'illusione del potere e la vanità della cupidigia. Infine ella disvela il proprio volto, sparendo in un alone di mistero e di morte e rivelando la sua non esistenza, illusione degli uomini dettata soltanto dalla brama di potere di loro stessi e, per questo, da essi usata come scusante.

Ruggero seppellisce i parenti ai quali ha causato la morte, piangendo, amaramente pentito, e accetta la sua condanna.

La tragedia si chiude con l'intervento di coloro che, evocandola, vi avevano dato inizio, ovvero le due entità divine, il Messaggero e l'Ancella, che rivelano poi essere Ermes e Iris, messaggeri degli dei, incolumi alle disgrazie del mondo, mosse solo dagli uomini, i quali, incapaci di scegliere il bene, s'illudono d'affidarsi al fato, in nome del potere.

COMMENTO - Riscrittura alfieriana, la Sposa dei Ghiacci si articola attorno a personaggi che ricalcano le figure di Filippo, Isabella, Don Carlos, Saul, Micol, Antigone.

Come Filippo, il principe Ruggero è il tiranno, che ambisce solo al potere, disdegna gli affetti familiari e disprezza i sentimenti, ma come il re alfieriano, egli è un uomo fragile, dilaniato, oltre che dalla propria sete di regnare, dalle proprie passioni. Quell'ambizione che in lui s'annida e che da egli è erroneamente personificata, è ciò che lo porterà ad uccidere e a farsi condannare, e ciò che gli impedirà di ascoltare il proprio cuore, avvenimento che accade, seppur fugacemente (Atto IV, scena I) ma che egli subitaneamente scaccia (*Guerrier son io e volo di pensier/ a donna non mi fa onore*), imponendosi di non pensare all'amore per la propria sposa. Come Filippo, infine, anche Ruggero non muore e sarà costretto a vivere nel pentimento.

Come Saul, Ruggero ha alla fine il rimorso per tutto il male che ha compiuto, ma a differenza dell'eroe alfieriano, non gli sarà concesso morire, (un po' come l'Ercole di Euripide che non si suicida) ma, come condanna, vivere, in eterno, nel rimorso. Saul odia il proprio figlio, Ruggero odia il proprio padre. Come Saul riconosce invano, nel delirio, che David dovrà succedergli, com'è giusto che sia, così Ruggero accenna, in più riprese, al pentimento per l'aver avvelenato il padre, fino alla disperazione finale.

Come Don Carlos, Gherardo ama, riamato, la moglie altrui, di un amore stilnovistico, rivelato ma non compiuto, pacatamente mistico, che trasfigura, quasi, nell'ideale di una vita serena e nella virtù data dalla scelta dell'amore, in opposizione alla bramosia. La confessione di Gherardo a Esteria (Atto III, scena I) è molto vicina a quella di Don Carlos a Isabella (Atto I, scena I). A differenza di Don Carlos, tuttavia, Gherardo non si suicida, ma sperando fino all'ultimo in una conversione al bene nell'animo di Ruggero, implora il principe, fino a che da questi è ucciso. Gherardo non è il tipico consigliere alfieriano, come Perez o Abner, infidi e menzogneri; al contrario egli è un eroe positivo dall'animo puro e troppo nobile per vivere in una corte d'inganni, nella quale perisce.

Il personaggio di Esteria si avvicina all'Antigone per quanto riguarda la sua diversa vocazione all'eroico, non un'individualistica affermazione di sé, ma lo sdegnoso rifiuto di una realtà divenutale condanna, una realtà che ella non fa sua propria ma che allontana da sé attraverso la scelta della morte, come una rivendicazione della propria sempiterna purezza, incorrotta dal mondo in cui, suo malgrado, è stata costretta a vivere. Innocente e colpevole al contempo per l'amore verso chi non deve amare, sente svilupparsi dentro di sé, come la Mirra alfieriana, quella forza misteriosa di cui non è responsabile ma con la quale è costretta a convivere, e a giungere a una conclusione. Il suo cuore di ghiaccio improvvisamente, senza che ella lo possa impedire, comincia a sciogliersi.

L'alfieriana titanica affermazione di sé accomuna Ruggero al suo nemico, il cognato Rinolfo, anch'egli mosso dalla brama di potere, anch'egli erroneamente convinto che l'illusione della cupidigia sia a lui estranea, anch'egli vittima consapevole della Donna Velata. Rinolfo, a differenza di Ruggero, muore senza pentirsi, accusando il cognato di una colpa che effettivamente non ha commesso (l'aver fatto avvelenare suo padre, il Re dei Ghiacci), motivo della calunnia è la colpa (questa da Ruggero realmente commessa) di aver avvelenato il proprio, di padre. Fraintendimento, cupidigia, scuse immorali, avvicinano i due eroi, entrambi dalla giovinezza stroncata a causa della sete di potere.

La tragedia si interiorizza tra passione e legge morale. Esteria infatti esorta Gherardo a chiedere il permesso a Ruggero, prima di venire meno alla promessa di fedeltà che entrambi, (in maniera diversa, muliebre nel caso di Esteria, politica nel caso di Gherardo) hanno fatto al principe Ruggero. I due amanti infatti non potrebbero fuggire per aver salva la vita, poiché ciò andrebbe contro la loro stessa essenza. Essi sono leali, puri, e non tradirebbero mai il proprio principe. Se Esteria appare sottomessa all'inizio, quando (Atto II, scena I) non riesce ad evitare che il marito uccida definitivamente il re morente, vero è che altro non fa che ubbidire a colui al quale è stata legata dal vincolo del matrimonio, mentre rivendica la propria libertà personale con il suicidio finale. Poiché ella, unica donna e personaggio apparentemente più remissivo, è in realtà l'unica che si uccide senza indugio. Questo l'avvicina a Isabella, che nel Filippo beve senza esitare il veleno, nonostante il tiranno le permetta di vivere, pur senza l'amato Don Carlos e l'accomuna, ovviamente, ad Antigone. L'amore è speranza, nonostante l'angoscia apportata dai loschi intrighi di potere: infatti Micol, rivolta a David (Atto I, scena I, v 272) usa la parola *speme* (*Termine d'ogni mia speme*), allo stesso modo Gherardo, morente, (Atto IV, scena I) si rivolge a Esteria appellandola con la metafora di stella polare, punto di riferimento e di speranza per i dispersi (*luce sei, pei dispersi di speme, porto*).

Il tema dell'amore adultero avvicina dunque la Sposa dei Ghiacci al Filippo, mentre il contrasto tra lealtà e potere senza scrupoli e quello del fraintendimento e della mal credenza, l'avvicinerebbero al Saul.

BREVE DELINEAZIONE DELLA PSICOLOGIA DEI PERSONAGGI

IL VALORE DELLE LACRIME - Esteria, creduta da tutti senza cuore ma, in realtà, dal cuore di ghiaccio, inizialmente non può piangere, poiché i dolori che dovrebbero provocarle le lacrime non sono così terribili per il suo fragile cuore. È ella stessa a dire al re morente, in Atto II, scena I *"Se le lacrime potessero / mostrarmisi sul volto, / scenderebbero copiose"*. Conosciuto il vero amore, e, al contempo, l'impossibilità di cedergli senza prima congedarsi dal crudele sposo con onore, Esteria, per la prima volta, si commuove, cosicché Gherardo, quando chiede a Ruggero di concedergli la sposa da lui veramente amata, in Atto IV, scena I, racconta di avere amato un'Esteria in lacrime che, ancor piangente, spera nella vana comprensione: *"Ella va piangendo, / intra le lacrime sospira e chiede: pace. / Mi confessò d'esser sanza amore, / sanza amore fui anch'io. / La consolai, m'amò."* Infine, Esteria prorompe in lacrime nella mesta confessione d'aver compreso che quel mondo di sofferenza le impedisce il perdono: in Atto IV, scena II, così risponde al messaggero che le riporta la notizia che Gherardo giace ferito da Ruggero, morente: *"O signore caro, / tra le lacrime vi dico, / perdon non v'è a questo mondo."*

FANCIULLEZZA E MATURITÀ - Ruggero e il re si rivolgono a Esteria con l'appellativo di *fanciulla*, il primo, (nonostante sia il suo sposo), per dispregiarne la presunta debolezza, il secondo, invece, per elogiarne la purezza. Solo Gherardo, soprattutto in Atto III, scena III, nella confessione del reciproco amore, si appella a lei con il titolo onorifico di *signora* o *reina*, ed ella stessa si reputa *donna*, in opposizione alla *fanciulla* che fu, pronunciando, *"in ché peccai, fanciulla / per soffrir, donna, sì tanto?"* Forse che sia l'amore ad aver fatto sì ch'ella prendesse coscienza d'essere *donna* e non più *fanciulla*? Ed è proprio l'amore, il cui sorgere, Ruggero aveva invano scongiurato dicendo in Atto I, scena II *"Senz'amore, ella sarà per me la / più innocua delle mogli. / Un regno deve infatti / guardarsi dal rischioso cuore / sempre vago ed errabondo / delle donne che siedono / accanto al re"*, ad essere il motore della Tragedia, nelle sue molteplici forme ch'esso stesso fa scaturire: dal dissidio interiore, all'inconscio.

RAPPORTO TRA RUGGERO E GHERARDO - L'amore sorto tra Esteria e Gherardo lede il rapporto di profonda amicizia tra Ruggero e Gherardo. Ogni qualvolta incontri Gherardo, prima della rottura, Ruggero gli rende omaggio con notevole slancio, come in Atto I, scena II *"Gherardo! Salute a voi, mio buon / compagno! Qual gioia grande è incontrarsi / in sul loggiato!"* e non gli fa segreto di considerarlo "come un fratello": *"Gioioso è saper che voi, per me / un fratello, d'accordo andiate con / la mia novella sposa"*. Nel maschio dualismo Ruggero-Gherardo, quest'ultimo è la componente più mite della coppia d'amici, tant'è che Ruggero arriva quasi a rinfacciarglielo, in Atto II, scena II, quando Gherardo tenta di dissuaderlo dal combattere il cognato Rinolfo *"Oh femmineo raziocin d'un consigliere! / Che vai chiedendoti, in preda / a pueril retaggio? / Orsù, Gherardo, sai bene che qual / sciocco sia l'uomo che occasion / si lascia fuggire, mai in futur / può sperar di governare"*. Eventuali dubbi riguardo al quesito se, con l'aggettivo *"femmineo"*, Ruggero voglia veder in Gherardo addirittura più di un amico, tanto da far presupporre, a tratti, che tra i due sia intessuto quasi una sorta di amore greco, parrebbero trovar diniego nel fatto che Ruggero, ancora inconsapevole che la donna che Gherardo gli sta confessando di amare sia Esteria, gli prometta una sposa, in Atto IV, scena I: *"Quando verrà 'l tempo/ [...] allor disposuerai / quella tua donna ch'ancor / ti fa tremare 'l core."* Eppure, quando Ruggero, nel suo primo ed irrimediabile slancio d'ira, appella Gherardo come *"Traditore"*, sempre nel medesimo atto, par adirarsi non solo perché Gherardo gli abbia apparentemente "rapito" la sposa, bensì perché questi paia amar più Esteria di lui. Gherardo, invero, pur di viver con Esteria, rinnegherebbe la fedeltà giurata a Ruggero. È questo il tradimento che Ruggero invoca e per cui s'adira? Perché mai, infatti, dovrebbe altrimenti adirarsi? Perché gli è stata sottratta una donna che egli stesso dichiara di non amare? Ma il lettore sia libero di scegliere anche quest'ultima ipotesi, se gli aggrada maggiormente: infatti, essa potrebbe, d'altra parte, esser egualmente soddisfacente. Ruggero, in Atto IV, scena I, pensa infatti ad Esteria nella seguente maniera: *"Ma s'invece ella m'amasse?"* salvo poi subitamente rivedersi" *Oh, che mai m'accade, / di a lei pensare? /*

Guerrier son io e volo di pensier / a donna non mi fa onore!" egli, dunque, narcisisticamente, vede l'unica, labile, ombra d'amore, non da parte sua per Esteria, ma, viceversa, da parte di Esteria nei suoi confronti: parrebbe dire "se amor vi sia, sia ella ad amarmi, non io ad amare lei!" Tuttavia egli non sfugge al tormento introspettivo che lo assale poco dopo, nel medesimo monologo, che lo porta a pronunciare: *"Io non so se l'amo… / Eppur vorrei vederla…/ Un ultimo istante…/ Prima della battaglia. / Un istante, sì, un istante / soltanto. Il suo volto puro, / il suo candor fanciullesco, / la sua silente presenza…"* facendo quindi riferimento, in un'insolita ed inaspettata confessione, comunque alla fanciullezza di Esteria, quindi alla sua presunta inferiorità, salvo poi riaversi nuovamente e prorompere in una maledizione contro il defunto padre e contro il genere femminile: *"Maledetto siate voi, / padre funesto, ah, che / mi ordinaste di prender moglie! / A ciò servon le donne? / A dilaniar l'animo umano? / A render deboli i forti? / Dannazione a quell'amore, / oltraggio di guerriera virtù."* L'ira di Ruggero, dunque, par sorgere più nei confronti di Gherardo che di Esteria, in nome di una variante d'amore ch'egli, nella sua titanica affermazione di sé, rivolge unicamente a sé stesso.

RIMORSO E PENTIMENTO - Ruggero esce dalla Tragedia dopo aver appreso il pesante significato del rimorso, cui pure, al principio, pareva immune. Parlando con Gherardo, dice di lui Esteria in Atto III, scena I: *"Oh, mio Gherardo, voi v'illludete! / Credete forse che sia possibile / persuadere 'l cuor d'uom che non conosce / pentimento e che 'l rimorso aborrisce?"* mentre, alla fine, è Ruggero stesso, pentito per aver arrecato tanto dolore, ad ammettere in Atto V, scena IV *"Marcirò per questo nel rimorso, / vivendo senza morire."* Poiché la capacità di pentirsi è propria solo degli spiriti nobili o che hanno subito una catartica purificazione, quest'ultimo è, il caso, di Ruggero, pentitosi, sì, ma quando ormai è troppo tardi.

MESSO E MESSAGGERO - Analogamente, anche il Messo, personaggio misterioso ma positivo, è, in quanto tale in grado di provar rimorso, quando, ad esempio, in Atto IV, scena II, è costretto a confessare ad Esteria che il di lei amato giace morente e, conscio del dolore che arrecherà alla regina, dice *"Ah, dolce reina voi / m'implorate dolor grande / nero rimorso so / che dalle mie parole trarrò"*. Sull'identità di questi potrebbe sorgere il dubbio se egli sia la stessa persona del Messaggero che apre la Tragedia, il quale, alla fine, si rivela però essere Ermes, il messaggero per antonomasia, degli Dei. Ermes, infatti, è colui che, dal parodo, da avvio, su richiesta dell'Ancella, (anch'ella divina, essendo Iris), all'ingresso delle *Dramatis Personae* sulla scena. Sulla presunta divinità del Messo ed identità di persona col Messaggero, il dubbio s'intensifica quando, in Atto IV, scena I, il Messo, vedendo Gherardo disteso a terra, ferito da Ruggero, esclama *"Dunque è sorte a voi uomini / comune d'esser folli."* Parendo quindi esser in qualche modo diverso dall'umana genia che si autodistrugge, mentre Ruggero, indispettito, gli risponde *"Cos'è? Tu parli come un dio? / Pazzi è quel che tutti siete!"* non è tuttavia questo quesito l'anima della Tragedia, essendo essa stessa un intreccio tra entità divine, misteriose e terrene, e, per quanto riguarda queste ultime, un intarsio di amore e onore, slancio titanico e dolore, predestinazione e libero arbitrio.

COMPOSIZIONE - La Sposa dei Ghiacci è in versi liberi. Il ritmo non segue più la metrica (ed è forse questo l'elemento che più la distanzia dalla tragedia settecentesca) ma, quasi come un canto greco di cui si è persa la cadenza ritmica, appare serrato nei drammi ad alta tensione (il suicidio di Esteria, per esempio, o la di lei confessione a Gherardo) quasi a sfiorare i settenari, mentre si avvicina, seppur molto approssimativamente, all'endecasillabo, quando appare disteso, nei momenti di confessione o mesta e pacata rassegnazione.

ENTITÀ - Le entità divine, Messaggero e Ancella, (Ermes e Iris, messaggeri degli dei) sono un omaggio alla tragedia greca, in un messaggio finale velatamente epicureo, poiché le loro *beate sedi*, appaiono come gli *intermundia* di Epicuro. Ma il messaggio della virtù potrebbe richiamare allo stoicismo, mentre quello del *destin senza sovrano* al fatalismo... il lettore saprà trovare la tesi a parer suo (e suo proprio soltanto) convincente.

Le entità oscure, la Donna Velata e la Morte, sono presenti ma inesistenti e mentre la prima, vaga e misteriosa, è funzionale al contrasto tra interiorità e morale, cupidigia e bene; la seconda appare come una presenza quasi ovvia, ma ferma e stabile.

CONCLUSIONI E RINGRAZIAMENTI - Questa Tragedia, da me scritta in età d'anni diciannove, si presenta oggi in due versioni.

La Sposa dei Ghiacci fu infatti pubblicata, in una differente riscrittura in endecasillabi perfetti, sulla Rivista Accademica Internazionale *Parole rubate. Rivista internazionale di studi sulla citazione - Purloined Letters. An International Journal of Quotation Studies* (n.15, 2017).

Desidero a tal proposito ringraziare il Professor Rinaldo Rinaldi, Docente di Letteratura Italiana dell'Università degli Studi di Parma, per aver definito la mia opera una riscrittura alfieriana ed averla pubblicata nella suddetta versione.

La Sposa dei Ghiacci fu da me presentata e recitata, nella sua prima versione in versi liberi, a POESTATE2017, il Festival Internazionale di Poesia del Canton Ticino, in Piazza del Municipio a Lugano. La presente edizione riguarda la versione in versi liberi, sino ad oggi inedita.

GENERE - A mezza via tra l'amore cavalleresco, lo stilnovo e la tragedia greca, la Sposa dei Ghiacci conserva della grecità solo il Parodo e l'Esodo e il massimo di numero tre di personaggi parlanti sulla scena, mentre della tragedia classica europea, i cinque atti. Non v'è unità né di tempo, né di luogo, né d'azione, poiché il dramma comune della bramosia di potere accomuna quasi tutti i personaggi, travolgendo gli innocenti, in quasi tutti i luoghi, sia che questi siano la sala del consiglio o il campo di battaglia e si propaga per un indeterminato lasso di tempo; non v'è specificata l'epoca, poiché il binomio potere-umanità è il dramma di tutte le epoche, non v'è coro negli intermezzi a placare il tormento dei sofferenti, solo il commento, iniziale e finale, distaccato e quasi irrisorio degli dei, che, dalle loro beate sedi epicuree rimirano l'errare umano, l'incapacità di comprendere che il destino è, solo illusoriamente, apparentemente, nelle scelte degli uomini stessi e che il loro libero arbitrio sta proprio in ciò che essi rinnegano: amare. Così termina il dramma degli errori, dell'impulsività, della sconfitta degli affetti, in nome di un potere vacuo e violento, fugace e transitorio, in contrasto con l'eternità dell'amore puro.

Martine Chantal Fantuzzi

La Sposa dei Ghiacci

Tragedia in V atti

Tutto ei mi ha tolto il dì, che te mi tolse

Vittorio Alfieri, *Filippo*, I, II.

DRAMATIS PERSONAE

(in ordine di apparizione)

PRINCIPE RUGGERO

RE

PRINCIPESSA ESTERIA

CONSIGLIERE GHERARDO

PRINCIPE RINOLFO

DONNA VELATA

MESSO

MESSAGGERO

ANCELLA

PARODO
(Messaggero, Ancella.)

MESSAGGERO Quando l'ultimo sole imporpora
i giardini d'Esperia e la diafana
sera immensamente accorre veloce
a stendere il suo azzurro braccio
sulle verdi vallate che ondeggiano
sotto le carezze del vento vespertino,
allor'ecco che, com'esuli fantasmi,
principi e dame d'un passato remoto,
subentrano, ascosi, i ricordi.
Ed essi s'insinuano, nel pensier
di chi li rievoca, camminando
leggiadri avanzano diretti alle
menti di chi può dire d'averli vissuti.
Cavalieri erranti che vibrano
di storia, pallidi per il fugace
tempo che scorre impetuoso senza
aspettare chi indugia, eppur vividi
nel cuore e nei racconti di chi, col
cuore e coi racconti, li ha eternati.

ANCELLA	Tu guardi il sol morire dietro i sacri monti e le vaste valli verdi oscurarsi. Ma dimmi, messaggero, qual struggente pensiero desta in te sì simili parole?

MESSAGGERO	Io penso, cara amica, a quel tempo che fu, ma che più mai non tornerà, come d'altronde è giusto che sia.

ANCELLA	Dura legge è quella del tempo. Fugace per chi ama, lento per chi soffre.

MESSAGGERO	Per questo gli Dei a noi conosciuti, mia dolce compagna, ci donarono il ricordo. Dolce dono fu tale. In esso il tempo più non scorre, ch'è già trascorso. Ma nei suoi antri adombrati d'antiche memorie, il tristo viandante avido di gioventù passata e sì nostalgico di beltà perduta può

dolcemente perdervisi per rivedere
e vivere, vivere ancora, ciò
che mai più sarà né stato sarà più.

ANCELLA Or dunque disvelami, pietoso, qual
vento desta in te memoria e dimmi
quale mai siano i pensieri che
fervore ti gettano nel cuore
e nostalgia t'ombra il bel viso.

MESSAGGERO Io mi sovvengo del dì festoso e perso
che vide uniti in sacro giuramento
un principe terreno ed una vaga
dama. Vaga, dico, sì, non sol di beltà
e gioventù ma estranea ai malvagi
intenti del mondo. E con rammarico
ripenso a come tutto fu vano
nella loro unione e nella vana,
nulla speranza vaga, di salvezza.

ANCELLA   Gli Dei, tu lo sai bene, raramente attingono al vaso della fortuna.

MESSAGGERO   Fortuna del principe fu di poter scegliere, ma proprio nella scelta fu il suo inappellato errore.

ANCELLA   Orsù, compagno d'amicizia, narrami quel che fu e che sì fervido pensier il liberato ragionar ti dona.

MESSAGGERO   Oh… come dolce fu quel giorno. Come bei furon quei giovani!

ANCELLA   Li vedesti?

MESSAGGERO   Li vidi.

ANCELLA   Com'ei furon?

MESSAGGERO Inquieti.

La sposa giaceva pallida, distesa
sul carro nuziale, accasciata come
un giglio senza stelo. Quasi presaga
del tristo avvenire che si prospettava
al regno al quale era stata relegata.
Il principe s'ergeva fiero, ostentando
il suo orgoglio ed i suoi vestimenti aurei.
E 'l popolo festoso li salutava
commosso, agitando fiori e stemmi
ricamati. Ruggero salutava
i sudditi del paterno regno,
conscio della gioventù che in cuore
aveva e del valor che nell'animo
serbava. Credeva d'esser uom d'onore...
Fiero della corona che presto gli
avrebbe cinto il capo, non degnava
d'uno sguardo la giovane, ornata
di candore, che gli sedeva accanto,
ma osservava il maniero al qual
il cocchio s'avvicinava smanioso

di sedere accanto al trono paterno.
Il re, suo padre, gli aveva ordinato
di prender moglie, poiché già sentiva
la bianca vegliarda che toglie energia
al cuore degli uomini e l'anima
di essi consegna all'errabonda
sua compagna, Morte,
appropinquataglisi.
Così, speranzoso di veder piccoli
eredi rallegrare il suo castello,
aveva sorriso benigno quando
Ruggero avea scelto. In gran segreto
il giovane principe si era però
recato dove le nere acque del
fiume di fango lambiscono l'antro
recondito d'un anfratto proibito
ai mortali. Ivi l'aveva accolto una
dama velata con nere parole.
"L'ardito che varca la soglia per
dimandare, conscio è del pegno:
più soglia alcuna non gli sarà

concesso varcare, senza riposo
dir dovrà addio al suo regno."
Ruggero peso non diede a detto di donna
e acconsentendo a quelle ignote
condizioni -Ahi, sventurato! - prese
a chiederle quel che dimandarle da
tempo assai voleva.

ANCELLA Alto è il prezzo del giovenil
furore se di questo ha l'impulso
e l'arditezza cieca.

MESSAGGERO Chiese una sposa dal cuore di ghiaccio,
che non potesse amare
né vi fosse in lei l'osare d'opporsi
e dimandare. Chiese una consorte
priva d'amore poiché, ei credeva,
Amor distrugge cuori
e relega le menti.
La velata donna sibilando a
lui disse dove trovar una simile

fanciulla. In cambio altro non chiese.
Ruggero, semplice d'astuzia, buona
credendola, il vel le sollevò
il vel che le celava il volto.
Neri eran gli occhi suoi, biondi
i di lei capelli. Ma nero il vel
che le celava il capo, il bianco
collo e le velate bianche spalle.
Sorrise. "Quando avrai bisogno di
qualcosa, cavaliere, non esitare
a chiedermi. Per te ci sarò, sempre."
Ruggero 'l ragionar no, non comprese.
"Oh mia signora, tornerò, a salutar
voi, ma non più per a voi dare noia."
Di nuovo aveva riso. "Che tu lo voglia
o no, principe, ci rivedremo."

ANCELLA Mio buon amico, il tuo parlar mi
rende nota la scena, così come
avvenne. Perché dunque non astrarci,
noi che farlo possiamo,
perché non entriamo ne
le profonde grotte da
l'alta stanza delle memorie?
Orsù andiamo ed entrar lasciamo
in questi spazi ormai dimentichi
e vuoti l'anime di quei che furono
e che più non saranno.

Color che 'l tempo strinse con morsa
sua fugace, color di cui or anime
sol restano, vaga immagine
resa viva sol da pietosa rimembranza.

(Messaggero ed Ancella escono di scena.)

ATTO PRIMO
ATTO PRIMO, SCENA PRIMA

(Re, Ruggero, Esteria. Sala del Trono.)

RUGGERO   Padre, oggi conduco a te la sposa
che scelto ho per compagna di regno.
Rampolla delle Nevi, figlia del Re dei Ghiacci,
dama sanz'amore, dama senza cuore,
dama per questo savia e non pericolosa.
Possa tu, padre mio e mio re,
benedire la nostra unione.

RE   Figlio, le tue parole mi rendono
quieto. Or so che morendo, non morrà
il mio regno, regno a te destinato
e, nelle mani dei tuoi figli legittimi,
col futur di brillar di gloria.

RUGGERO   Mi inchino a te, mio genitore e mio re.
Possa esser lontano il giorno
in cui accetterò il tuo trono vuoto.

RE	Possiate esser benedetti o voi, sposi novelli.

Salute alla vostra unione,

salvezza al vostro regno.

(Ruggero ed Esteria escono di scena)

RE	*(da solo)*

Senz'anima par quella fanciulla,

che Ruggero scelto ha per moglie.

Bianca e triste è la sua immagine,

vuoti paiono i suoi occhi.

Chi mai volle far prigioniera, Ruggero?

Ma so che in lei già germina un fiore

or ancor in boccio, presto s'aprirà.

Conoscerà l'amore, apprenderà il sorriso.

Per me sarà come una figlia, dolce

diletto e quieta presenza di bella

sposa in questa corte austera.

ATTO PRIMO, SCENA SECONDA

(Ruggero, Esteria, Gherardo. Loggiato del castello.)

GHERARDO *(da solo)*

Or dunque noto che il principe,

lo mio più caro amico,

s'è unito in matrimonio alla sua sposa.

Ma chi è mai quella fanciulla?

Da qual regno viene?

O Ruggero fortunato! Oh padrone

d'un sì lucente gioiello!

Quale stirpe antica potrà mai vantarsi

d'aver donato i nobili natali

ad una sì alta creatura?

Non di candor soltanto s'en va vestuta

ma d'umiltà, e di bellezza plena.

RUGGERO   Gherardo! Salute a voi, mio buon
             compagno! Qual gioia grande è incontrarsi
             in sul loggiato!
             Passeggio con costei, or mia sposa,
             come vedete.
             Unita è stata a me, con sacro giuramento
             Nella gotica chiesa che s'erge
             Superba su la piazza.
             Forse tu vedesti, con qual fasto,
             con quai pomposi gaudi
             si celebrò la nostra unione.
             Non eri forse partecipe, questa mattina?

GHERARDO   V'ero, amico mio. V'ero.
             Ma tanta era la gente che
             non riuscii appieno nel
             contemplar la gloria vostra e
             la bellezza della sposa vostra.
             Ora, trovandomi qui, al
             cospetto della più splendente
             tra le stelle e della più olezzosa

tra le rose, mi chiedo qual mai

sia la provenienza d'ella

e ammiro quanto grande sia la fortuna vostra.

M'inchino. Bacio la bianca mano

della più bella delle novelle spose

ch'io abbia mai veduto.

ESTERIA   Signore, vi ringrazio.

Il cuor vostro è gentilezza,

d'onore intessuto par l'animo vostro.

GHERARDO   Mille e ancor mille son, signora,

le volte in cui mi inchinerei a voi.

RUGGERO   Gioioso è saper che voi, per me

un fratello, d'accordo andiate con

la mia novella sposa. Esteria, or

vi ringrazio d'avermi accompagnato.

Mostrato v'ho tutto il mio palagio,

la sala del trono, le molte stanze

ed anco l'alto loggiato.

Vogliate ordunque raggiungere
l'appartamento vostro per togliervi
l'abito nuziale. Io resterò qui, col
mio diletto amico. Andate, ordunque,
io vi raggiungerò per il vespro.

(Esteria s'inchina e se ne va.)

GHERARDO Sposa degna d'un imperatore.
Ora ditemi, Ruggero,
qual mai ardire vi portò
a scegliervi una dama
di così alto rango?

RUGGERO La necessità d'aver per compagna
di vita una donna priva di cuore.
Senz'amore, ella sarà per me la
più innocua delle mogli.
Un regno deve infatti
guardarsi dal rischioso cuore
sempre vago ed errabondo
delle donne che siedono
accanto al re.

GHERARDO   Chi è mai dunque, costei?
           Spiegatevi, principe.

RUGGERO   Pegno del re senza onore,
           per la vittoria su passati nemici
           fu una figlia dal cuore di ghiaccio.
           Il padre cedendo la gloria
           in cambio del potere
           pagò con l'animo della figlia.
           Ed ella fu generata incapace
           d'amare. Per questo io la scelsi
           e ne chiesi la mano al Re dei Ghiacci.
           Ed egli, incredulo, acconsentì,
           concedendomela. Ella mai non mi disse
           parola alcuna, incapace di palesare
           i suoi sentimenti, giacché non li ha.
           Così io la ho in mio potere, e senza
           curarmene so che mai potrà essermi
           cagion di distruzione. Poiché è l'amore,
           l'amore, che rovina le donne.

GHERARDO Mai t'avrei creduto così
cinico, mio caro compagno d'armi
e di giovinezza. Tuttavia sei savio,
lo riconosco. Ma ti prego, una sì simil
donna non merita d'esser trascurata.
Amala, e non la tralasciare mai.

RUGGERO Amico, non esser sciocco.
È soltanto una donna,
oggi è sposa, presto sarà madre.
Lo spero. Oh, allora sì
che, divenuto padre, potrò
occupare quel tron che mi spetta.

GHERARDO Ricordi ch'esso or ora è
di tuo padre, ancora?

RUGGERO Lo è stato. Ora è tempo
d'altra, novella, era.

ATTO PRIMO, SCENA TERZA

(Rinolfo, Donna Velata. Bosco ai confini del Regno.)

DONNA VELATA Peregrino te ne vai, o cavaliere
per codesto bosco selvaggio errando.
Vorrei chiederti chi sei,
e perché mai varchi le soglie
a voi mortai proibite.
Ma sono certa che non sarai
dissimile dai tuoi compagni che,
spesso, giunsero qui queruli
per dimandar favori.
Li ottennero. Io glieli concessi.
Lor così dissero.
Poi quando dovettero pagarli,
si pentirono. E mi odiarono. Stolti!
Ormai il prezzo era suggellato
ed essi avean già fatto la loro scelta.
Oh come vorrei, o cavaliere,
che tu non fossi come loro.
M'illudo. Vorrai anche tu potere.

E con esso avrai la tua fine.

Ogni uomo ha un modo diverso

per chiederlo. Ilare è vedere con

quali pensieri v'ingegnate

pur d'ottenere fugacità sì vana.

Che voi crediate di differir gli uni

dagli altri, che voi pensiate d'esser

nel giusto e di fare il bene,

io, vi dico, non vi ritengo ch'esuli

viandanti in nera terra, queruli

d'un nulla ch'è per voi il tutto,

ignari dell'alto prezzo che or vi

dichiarate disposti a dare. Io v'esaudirò.

RINOLFO Questa foresta par volermi dissuadere,

del mio vagare indarno.

Ma, io lo so, senza demordere,

raggiungerò il mio scopo.

Ma tu chi sei, che tra gli alberi

e gli alti rami, fuggi e t'ascondi,

a tratti soltanto apparendomi?
Chi sei? Tu che velata t'inoltri tra sterpi
ed arbusti e non ti mostri al sole?
Che vuoi da me, in questo luogo desolato?
Sei forse una strega? Di te non temo
la celata presenza, né tremo per oscuro
tuo fare. Mostrati, o vattene!

DONNA VELATA Sei tu, o cavaliere, che
penetrato sei nella mia terra.

RINOLFO Questa terra appartiene al vecchio re
di questo regno, che nome ha Armadora!

DONNA VELATA Ora non più. Morente giace il Re
e al capezzale non sta il figlio.
Già pronto a regnare, Ruggero
attende la corona. E quando
l'oro cingerà le sue bionde
chiome allora s'aprirà nuova era.

RINOLFO   Taci, donna. Quel giovane
               di cui tu parli, sposato ha mia sorella,
               sul perfido consiglio d'una donna, quale te.

DONNA   Io non confermo le tue farneticazioni.
VELATA   Io solo risposi quel che mi fu chiesto.
               E tu, ch'ora scendi da cavallo
               e sguaini la tua spada,
               tu credi d'esser forte
               senza in realtà conoscere
               la tua forza.

RINOLFO   Tu parli senza celare la tua paura,
               tu colpevole fosti del connubio
               tra mia sorella e quell'usurpatore.
               Tu colpevole, tu meriti d'esser punita!

DONNA   Ma questo non ti fa onore!
VELATA   Togli quella spada dal mio
               collo, e ti dirò ciò che vuoi.

RINOLFO   Meriti di sentire il gelo della
mia lama, strega.
Ma il mio pregiato ferro non
merita d'esser macchiato
dal tuo malvagio sangue.
Ruggero chiese a mio padre
la mano d'Esteria, per farne
la sua sposa, senza cuore e
senza amore. Lui gliela concesse,
cedendo il pegno ch'anni or sono
avea pagato, per ottenere suo regno.
Ma io ti dico, strega che celi
il tuo bel volto, il Regno dei Ghiacci
mai cadrà sotto l'aspro dominio
di colui che, sposata mia sorella,
spodestare vuol mio padre.
Per questo, or dimmi, com'è
ch'io possa fare per uccidere
il principe Ruggero.

DONNA VELATA	T'inganni, o condottiero.

Tu non vuoi difendere il tuo regno,

glaciale ed inospitale.

Come vero è che tuo padre

acconsentì al pegno di generare

una figlia senza cuore, per non dover

discutere, un giorno, quando

avrebbe dovuto maritarla.

Figlio del Re dei Ghiacci,

cognato di Ruggero,

non disdegnar di dire

che quel cui tu t'appigli

è il trono di Ruggero. |
| RINOLFO | A te non debbo render conto di nulla.
Tu fosti la causa del matrimonio
tra Ruggero e mia sorella. |
| DONNA VELATA | Ed anche il merito. |
| RUGGERO | Concedimi ciò che mi spetta. |
| DONNA VELATA | T'aiuterò nella tua impresa,
ma dovrai pagare un pegno. |

ATTO SECONDO

ATTO SECONDO, SCENA PRIMA
(Re, Esteria, Ruggero. Camere del Re.)

RE Da nove giorni giaccio malato
succube di questa misteriosa,
estenuante malattia che mi attanaglia
l'animo. Unico conforto al cuore è che
non lascerò solo questo mio amato
popolo. Morrò, dunque, ma avendo visto
il mio unico figlio ammogliato e
nella speranza, quindi, che la di lui
giovane sposa possa donargli eredi.
Lui la scelse senza cuore, così mi disse,
per non dover restar vittima
del di lei eccessivo amore.
Io non condivido la sua scelta,
giacché con l'adorata mia defunta sposa,
vissi giorni sereni, in sereno amore.
Tuttavia rispetto il volere di colui che
è destinato a succedermi sul trono.

Temo, però, ch'egli non ne sia degno.
Perché, mi chiedo, non giunge
a trovarmi, perché non assiste
il suo vecchio, morente padre?
Morrò solo, dunque, in un estremo
ultimo rantolo di dolore?
Oh, beato è il vecchio che giunge
alla fine dei suoi stanchi giorni,
assistito da pochi ma cari eletti,
che nell'ultimo suo amore gli donano
conforto per l'ultimo cammino.

ESTERIA *(entrando)*
Mio Signore? Siete sveglio?

RE Chi è che mi chiama?
Qual dolce voce mi desta?
Son dunque già tra gli angeli?

ESTERIA Sono io, mio re.
Son la sposa del vostro diletto figlio.

RE   Oh soave presenza!

         Beato, fanciulla, sia tuo padre,

         che generò una sì sublime creatura.

         beato tuo fratello, con una tal parente.

         Beati i figli tuoi, ch'avranno una tal madre.

         Beati i sudditi tuoi venturi

         Con una sì tal regina.

         Grazie, signora, grazie, per essere venuta.

ESTERIA Mio signore e mio re,

         dovere è il mio, che s'addice

         alla moglie d'un principe

         ed alla figlia d'un re.

         Io vengo ad assistervi,

         poiché giammai vi troviate solo

         nella vostra sofferenza.

         Come state, signor mio?

         Debbo servirvi, in qualche modo?

RE   L'unico mio sostegno è la presenza vostra.

ESTERIA   Resterò, finché lo vorrete.

RE   Oh dolce principessa, avvicinatevi.

Vi credevo priva di cuore

ma siete l'unica che mi porta aiuto

in queste tristi ore.

ESTERIA   Amore e dolore mi sono estranei.

Si dice ch'io non debba soffrire. Si dice.

Io temo, signore, il vostro dolore.

RE   Ditemi, fanciulla, vi trovate bene

in questa vostra nuova casa?

ESTERIA   Accolgo ciò che il destino m'affida.

RE   Siete molto saggia. Sarete una

buona regina. Promettetemi,

signora, ch'assisterete Ruggero

nelle più petrose avversità.

ESTERIA   Condividerò ogni suo dolore.

RE   Vi ringrazio. Adagiatemi meglio,
ve ne prego. Soffro.

ESTERIA   Ecco. State bene, ora?
Oh, signore mio…

RE   Ditemi, fanciulla, il perché
del vostro turbamento.

ESTERIA   Se le lacrime potessero
mostrarmisi sul volto,
scenderebbero copiose.
Temo, mio re, per voi.
Temo di tradire la fiducia vostra
confessandovi quel c'ho in cuore.

RE   Perché siete così ambigua?
Parlate senza paura,
con me potete farlo.

ESTERIA   Oh, mio signore, se sol ne fossi certa...
          Il mal che v'attanaglia il cuore
          da quanto tempo perdura? Troppo.
          Lungo e silente, infido e penetrante, vi strugge.

RE   È così, fanciulla. Forse è la vecchiaia estrema.

ESTERIA   Oh forse, mio re, forse non lo è.
          Se qualcuno avesse osato...
          Porre fine al vostro regno...
          Per regnare... prima...
          Oh perdonatemi!

RE   Che andate dicendo, principessa?
          Vi prego, spiegatevi meglio, siate più chiara...

ESTERIA   Oh quel nome... se
          sol potessi farlo!

(Entra Ruggero, con impeto.)

RUGGERO   Qual mormorio di donne odo,
          al capezzale di mio padre?
          Suvvia, donna, alzatevi ed
          andate. Farneticar femmineo
          non è cosa che s'addice
          al letto d'un re!

ESTERIA   Mio signore, ho promesso
          al re vostro padre
          sovrano vostro e mio,
          che l'avrei aiutato.

RUGGERO   Sciocchezze! Alzatevi, ho detto!

RE   Andate, principessa, andate.
          Fate come v'ordina il vostro sposo.
          Vi ringrazio. Restate quel che siete, fanciulla.

ESTERIA *(alzandosi)*

          Addio, mio re.

          Vi prometto che perseguirò
          quel che m'avete chiesto.

          Perdonatemi. Resterei, se potessi.
          Non m'è concesso.

          Addio, signore mio. Addio.

(Esteria esce di scena.)

RE   Figlio. Non più speravo di vederti, ormai
          preso qual sei da le faccende
          d'un regno oramai tuo.

RUGGERO Dici bene, padre.
          Quel regno già mi appartiene.

RE   Presta attenzione alle mie parole,
          principe. Non sei che un giovane,
          desideroso di combattere,
          voglioso di conquiste.
          Sii assennato, quando verrà il momento…

RUGGERO   Quel momento è già qui, padre.

          Non te ne rendi conto?

          Da troppo tempo il tuo decrepito

          corpo poggia sul quel

          trono intessuto d'oro.

          Da troppo tempo davvero.

          Tu hai voluto ch'io prendessi

          moglie, per vedere la tua

          stirpe antica progredire.

          Accadrà. Ma non lo vedrai.

RE   Sento la debolezza assalirmi,

          non più le forze m'appartengono.

RUGGERO   Lo vedo.

RE   Ne gioisci, forse?

RUGGERO   Fosti re, non fosti scaltro.

          Credesti che quella malattia

          fosse vecchiaia. Non lo fu.

Poiché essa, Vecchiaia, pareva
essersi dimenticata di raggiungerti.
E Morte non rammendatasi di coglierti,
dimentica di te, non volle più venire.
Allor Destino mi pose in tra le mani
un miracoloso, potente alquanto lento,
veneficio.

RE   Oh figliuol crudele!

RUGGERO   Oh padre immortale!
    Attaccato come sei alla tua ricchezza,
    mai desideroso di cedere al giovane
    tuo figlio il trono che gli spetta!

RE   Ahi fellone! Degno d'un futuro re
    sarebbe stato attendere il suo regno,
    degno d'un uom d'onore
    conquistarlo col valore!
    Degno d'un codardo,
    ottenerlo con l'inganno!

RUGGERO Tu farnetichi, vecchio.

Vedrai, ormai divenuto ombra,

la tua progenie estendersi

gloriosa, grazie a me.

Conquisterò l'altrui dominio,

estenderò il mio potere.

Non placido sovrano, di vetustà servile,

ma uom di valore, aitante e giovane guerriero!

Esteria ti disse qualcosa? Lei sa del veleno?

RE (*tra sé*)

Mai tradirò una sì dolce principessa.

(*a Ruggero*)

No, ella non disse nulla.

Sol mi auguro che i di lei figli

non sian a te affidati.

Addio, figlio assassino,

sali sul mio trono

con codesta benedizione!

Che mai ella ti possa partorire

un figlio come te, che mai tu possa

avere la mia stessa, mortale, delusione.

RUGGERO Muori, re. Or re son io!

ATTO SECONDO, SCENA SECONDA

(Ruggero, Gherardo. Sala del Trono.)

GHERARDO Mio re, giungo per porgervi le notizie
che mi dimandaste a cogliere.

RUGGERO Parla dunque, mio fedele
amico e consigliere.

GHERARDO È per me dolore grande
dovervi riportare sì tali parole.

RUGGERO Un buon re sa sopportare
le avversità che il destino gli porge.
Parla, dunque e non ti curar del fato.
Gli uomini di valore lo san far lor proprio.

GHERARDO Rinolfo, vostro cognato, marcia su
Armadora. Porta con sé un seguito
di cavalieri bardati, li dicono invincibili.
No, di certo, mio re, essi non vengono

dal Regno dei Ghiacci.
Egli è in marcia sul vostro regno
senza la benedizione paterna,
poiché ei sostiene che, morto suo padre,
gli spetti qual parte di sua sorella.

RUGGERO   Tutto questo non ha senso.
Ella è mia moglie.

GHERARDO   La ragion non importa, sire.
Egli vuole il vostro regno.
Questo è il tutto.

RUGGERO   (*alzandosi dal trono*)
Promisi a mio padre sul letto
di morte che avrei conquistato altri regni.
Ben venga Rinolfo,
sarà mio il suo dominio,
ch'ei va perdendo,
sul mio marciando.
Presto, Gherardo, raduna l'esercito,

                richiama alle armi!

                Conquisteremo potere, troni, gloria.

                Nostro sarà l'altrui potere!

GHERARDO Vado, mio re, ubbidendovi.

                Soltanto spero che la vostra

                sia un'idea assennata.

RUGGERO Oh femmineo raziocin d'un consigliere!

                Che vai chiedendoti, in preda

                a pueril retaggio?

                Orsù, Gherardo, sai bene che qual

                sciocco sia l'uomo che occasion

                si lascia fuggire, mai in futur

                può sperar di governare.

                Andiam, mio buon amico

                senza macchia né pentimento, vincerem.

ATTO SECONDO, SCENA TERZA

(Ruggero, Esteria. Camere di Esteria.)

RUGGERO   Mort'è il tuo re, lo sapevi?

ESTERIA   Mio padre? Apprendo, marito mio.
Persi due re in un sol tempo.
Il padre mio e vostro ci lasciarono.
Oriam, mio sposo, oriam
che niuna calamità s'abbatta
su questo vostro novello regno.

RUGGERO   Sol ora mi sovvengo che incapace
sei tu di pianto. Allor, neppur gioisci?

ESTERIA   Qual uman cuore gioirebbe,
in seguito alla paterna dipartita?

RUGGERO   Suvvia, taci, donzella. E prega
che di te io non sospetti.

ESTERIA   Son io, messer, che so.

RUGGERO   Tu sai? E che cosa mai sapresti?
           Bada ben di non tradirmi,
           silente ed ambigua presenza!
           Donne! Causa prima della caduta
           di re grandi e grandi regni!

ESTERIA   Mio signore io non son causa
           alcuna di disgrazia vostra
           e a me ignota.

RUGGERO   Forse tu no, ma 'l tuo parlar
           potrebbe. Hai mai forse
           indetto qualche tuo parente
           a venire a trovarti?

ESTERIA   Mai feci nulla di ciò, signore mio.

RUGGERO   Ebbene, tuo fratello Rinolfo
          marcia ora sul mio regno.
          Sostiene egli che, essendogli morto il padre,
          or gli spetti la parte tua.

ESTERIA   Signore mio, tutto questo non ha senso.

RUGGERO   Ben lo so. Ma egli vuole un pretesto
          per riprendersi la tua dote.
          E allor io gli dimostrerò quanto
          rischiare sia l'avventatezza degli stolti!

ESTERIA   Che intendete dunque fare? Combatterlo?

RUGGERO   Ucciderlo. Quell'incapace principe
          non merita d'avere il regno
          che fu di vostro padre.

ESTERIA   Vi prego, mio signore, non
          siate così avventato!
          Lasciate che gli venga incontro,

lasciate che gli parli! Vi scongiuro,
lasciate che lo induca a desistere!

RUGGERO   Giammai. le parole son l'arme dei
deboli. Dimostrerò al fratello tuo
che mal intese, s'ei credette
di poter mover guerra al mio regno!

ESTERIA   No, mio re. Non siate imprudente.
Per l'ultima volta, vi imploro,
mandate me al vostro posto!
Che con fraterno amore possa io
fargli mutar pensiero e cangiar volere!

RUGGERO   Orsù, silenzio, fanciulla.
La decisione è presa.

ESTERIA   Perso ho già il padre.
Volete dunque togliermi
anche il fratello?

RUGGERO   Il potere richiede sacrifici.

ESTERIA   Anche a costo dell'amore?

RUGGERO   Che ne sai tu dell'amore,
           donna senza cuore.
           Ti rivedrò al congedo ufficiale.
           Or parto. Or ti saluto qui.
           Addio, mia sposa, addio.

ATTO SECONDO, SCENA QUARTA

(Ruggero, Gherardo, Esteria. Sala del Trono.)

RUGGERO   Così, dopo essermi congedato

dal mio amato regno, parto

per porre freno all'inaudito ardire

di chi, senza sapere, osa attaccare.

Affido a te, Gherardo,

mio amico sincero e diletto consigliere,

il mio trono e la mia sposa.

Possa tu averne cura.

In attesa del mio ordine,

in seguito al quale mi raggiungerai sul campo,

(e prego che tu possa trovarmi vittorioso),

resta e governa in mia funzione.

Non tarderò a chiamarti.

GHERARDO   Al vostro popolo, mio re,

parlaste bene.

Dal consiglio vi congedaste

con molto onore.

Fate lo stesso ora

e non temete.

Reggerò il trono vostro

con sincera devozione.

Non appena mi dimanderete

a chiamare, verrò.

RUGGERO Addio, dunque, mio Gherardo.
Addio, Esteria mia.
Possa esser vicino il giorno
in cui ci rivedremo.

ESTERIA Addio, mio sposo.
Non sia lungi quel dì.

ATTO TERZO
ATTO TERZO, SCENA PRIMA

(Gherardo, Esteria. Sala del Trono.)

ESTERIA *(sola)*

Senz'amore vado errando

per questi incolti prati

Senz'amore vago nel buio

d'una notte senza stelle

Senz'amore mi perdo in un mondo

meravigliosamente oscuro.

GHERARDO *(entrando)*

Mia diletta regina, s'entrar m'è permesso,

giungo a dimandarvi quale sia lo stato vostro

e, se in tristo animo siate,

qual possa io fare per pace a voi donare.

ESTERIA Entrate, dunque. Se chiegger mi

fosse concesso, domanderei soltanto amore.

GHERARDO   Oggidì, quando al consiglio si parlava della
           probabile vittoria del re nostro, vostro sposo,
           voi vi ritiraste in fretta, tremebonda.

ESTERIA   Che il Ciel m'aiuti! Dunque io lo mostrai?

GHERARDO   Rasserenatevi, signora. Soltanto io compresi.
           Vi vidi pallida e dallo sguardo errante.
           Mio dovere è proteggervi, mia dama.
           Ditemi dunque, ed io farò.

ESTERIA   Oh, mio Gherardo, voi v'illudete!
           Credete forse che sia possibile
           persuadere 'l cuor d'uom che non conosce
           pentimento e che 'l rimorso aborrisce?

GHERARDO   No, lo ignoro, reina mia.
           Di chi voi parlate?

ESTERIA   Dunque voi amate troppo ciecamente
               il vostro re, per non comprendere
               ch'egli irrimediabilmente sbaglia.

GHERARDO   Sbaglia perché va contro il fratel vostro?

ESTERIA   Oh, non soltanto, messere.
               Ei erra e non lo sa.
               E va fuggendo la moralità,
               in nome del potere.

GHERARDO   Suvvia, signora, egli è un buon re,
               tornerà vittorioso.

ESTERIA   Ignorate troppe cose, signore.

GHERARDO   So che non è facile saper 'l frate vostro
               che muove guerra al vostro sposo…

ESTERIA   Né che il regno laceri l'amore.
               Il potere rovina gli uomini.

GHERARDO   Ruggero è un saggio re,

                    saprà districarsene.

ESTERIA   Egli ignora ch'io lo possa amare.

                    Ed io, signore, tengo in cuor troppi segreti

                    che non oso confessare.

GHERARDO   Mia regina, anch'io debbo confessarvi

                    qual fiamma mi arde nell'animo.

                    So bene che non sarebbe giusto

                    aver segreti per colei ch'io debbo proteggere,

                    poiché lo giurai e mai mi tirerei indietro.

                    Ma non sarebbe neppur giusto ciò

                    che io ho in cuor, da rivelarvi.

ESTERIA   Io vi reputo uom d'onore e non temo

                    ciò che vi s'aggira nel petto.

                    Qual favilla d'amore o

                    ghiaccio di vendetta,

                    qual ch'esso sia,

non fremo per saperlo.

Io devo invece levarmi questa pietra

che nel petto tengo e renderla a voi nota.

Forse così capirete

il perché di sì tanto mio dolore.

GHERARDO   S'è questo che vogliate,

ditemi, signora, ed io

accoglierò il vostro dire

come un savio pellegrino

giunto al luogo del Calvario

custodisce con ardore

la fede ritrovata.

ESTERIA   Sia! Siate voi partecipe

di quel che vo' dicendo.

Dovette mio padre combattere,

per mantenere il suo regno.

D'obbligo gli fu vincere,

che se perso avesse

tutt'avrebbe perduto.

Vittoria chiese, vita ottenne.
Accettò il pegno,
che non toccò lui.
Di aver una figlia, gli fu
imposto, dal cuore di ghiaccio.
S'era rivolto infatti
ad una donna velata,
la cui presenza
tanti cavalieri valorosi
annebbiò, le cui farse
furon creduti premi.
Ella decretò ch'io nascessi
incapace d'amare e di
soffrire. Così, in realtà,
non fu. Ogni vittoria
è illusione, come pure
la bellezza di credervi.
Vana è la virtù, se non
ci si sa destar dall'inganno.
Decretò il fato per me
ch'io nascessi dal cuore

fragile e glaciale.

Ghiaccio e fuoco son l'animo mio.

Ché pel ghiaccio che porto in cuore

posso io non soffrire né

languire mai, questo si crede.

Ma il ghiaccio sempiterno

può esser disciolto, sì,

da quella favilla ch'accesa

-e prima non fu, ed ora è-

arde e più si spegnerà.

Ed il mio cuor glaciale

no, più mai sarà protetto,

dal gelo suo che fu.

GHERARDO   Possiate voi, signora

non soffrire più,

ché non lo meritate,

perché il cuor di ghiaccio vostro,

s'è vero che di ghiaccio sia,

sede è di sola virtù.

Mai potuto avrei immaginare

che nel ghiaccio si potessero

annidare solide fonti di ideali.

Poiché in voi pura lealtà,

in voi sincer pensiero,

in voi ferma dignitade,

in voi sol sta ciò che nel mondo

da secoli vaga errabondo,

in voi stan quelle virtù

che assieme niun troverebbe più.

ESTERIA   Voi mi sorprendete.

O, forse, voi non mi conoscete.

GHERARDO   Sia come voi dite,

amo l'inconosciuto.

ESTERIA   Se sol voi guardaste in voi

allor sì che trovereste

quelle virtù di cui parlate!

GHERARDO   Se voi sì mi reputate,
           sia per voi il mio segreto:
           io non lo dissi mai,
           ma lo pensai sempre,
           fin dal principio in cui vi vidi,
           fu questo 'l mio pensiero: l'amo.

ESTERIA   Oh Dio del Cielo!
           Se c'è in voi voglia di gettar
           il vostro ultimo sguardo
           su questa terra amara,
           orsù possiate a noi donar
           una lacrima di felicità.

GHERARDO   Che mai andate dicendo, mia signora?
           Vi rivolgete al Ciel sdegnandomi,
           se, innanzi io mi dichiarai?

ESTERIA　　Signor d'onore, uom d'alto consiglio

possibile che voi non capiate

d'esser voi la fiamma che sfavillando arde

nel ghiaccio del mio cuore?

GHERARDO　Or ecco, mia diletta,

ai piedi vostri mi prostro

or ecco, mia regina

possiate accoglier questo vostro servo,

s'amor che lega voi a lui, pari è al suo.

ESTERIA　　Alzatevi, signore!

Mai a me giuraste d'essermi servo.

Non servo vo' cercando,

piuttosto un salvatore,

che possa me condurre

fuor da codesta gabbia d'oro

di giuramento cesellata

e sol d'odio costellata.

Odio, ambizione e potere

questo è quel sol che m'appartiene!

GHERARDO   No, mia reina no.

                In voi purezza, in voi ardore.

                Sol in Ruggero v'è brama di gloria,

                guerra e conquista, funesto

                desìo al par del fratel vostro.

ESTERIA   Altro scelsero per me lì parenti miei.

                Ma v'assicuro mai, io mai ciò desiderai.

GHERARDO   Lo so. Ed ora mi sia concesso,

                or che sento sopraggiungere

                passi d'uman vestigia,

                or mi sia concesso dirvi: v'amo.

ESTERIA   Se l'amor fosse vita io,

                per l'amor che per voi provo,

                sarei immortale.

GHERARDO   Sia codesto bacio

                patto d'amore,

                esperienza di vita,

                salvezza dal dolore,
                dalla guerra fuga.

ESTERIA   Suggelli questo bacio
                amor sincero e leal fiducia,
                sia dolce doloroso dono
                in etterno periglio, rosa
                fugace che si posa
                in segno dell'impetuoso tempo
                che di scorrer non cessa.

(entra il Messo)

MESSO   Oh giovane signora,
                oh mia diletta regina,
                udite, ciò ch'accorato
                costretto son a dirvi.
                Vinto ha Rinolfo, persa è la battaglia.
                Possa dunque accorrere Gherardo
                presso Ruggero, ed essergli sostegno,
                ché il giovin re è molto scosso.

ESTERIA   Qual male feci mai,

che errore mai commisi,

in ché peccai, fanciulla

per soffrir, donna, sì tanto?

Odo che il fratel mio ha vinto,

si, ma contro mio marito.

No, al mondo non esiste

più alta sofferenza di sì dolente martirio.

Niuna persona d'animo bello,

possa mai veder cari a duello.

GHERARDO   Messaggero, recate questo

al re: io mai più tornerò

ch'assister il mio cuor non vuole

colui ch'ucciso ha 'l padre

e guerra accoglie contro

di sua sposa il fratello.

ESTERIA   Che dite mai, Gherardo?

Folle siete, forse?

Ruggero vincere potrà

e 'l mio amato frate soccomberà,

perdendo la spezzata vita

e l'agognato, maledetto, trono.

Orsù, non farneticate.

Voglia il destino che noi, servi

suoi, ci rassegniamo

ad agir, silenti, al suo volere.

Correte, dal vostro re, e

portategli piuttosto la mia preghiera.

Ché ritiri l'arme e a combatter renunci.

Onor non v'è in guerreggiar sì folle.

GHERARDO Giammai, signora mia, io vi lascerò.

Giurato v'ho di proteggervi,

e a tal promessa, fede manterrò.

ESTERIA Signor, voi non potete seder

s'un trono che non è 'l vostro.

Piacciavi adunque di sottostare al fato

e di recarvi da colui al quale,

prima che a me, giuraste fedeltà.

GHERARDO   E sia, o mia regina, come voi vogliate.

Ma non andrò per sostenere il re.

Gli chiederò pace, portandogli

quel che mi dimandaste avanti.

E, quand'ei non vorrà,

allor m'inchinerò, chiedendo

d'esser sciolto dal giuramento fatto.

ESTERIA   Possa Iddio assistervi,

messer mio adorato.

Siate voi beato

quando libero sarete

da quel codardo tiranno che

invece ancor di me sarà padrone.

GHERARDO   Non crediate, mia dama,

ch'io non domandi a lui

la vostra libertà.

ESTERIA   Oh cielo! Siete sì un uomo
          d'onore, dunque?

GHERARDO Non onor è far ciò per cui
          si ama, ma dovere.

ESTERIA   Fuggirem, dunque?

GHERARDO E vivrem felici, lontano
          da ogni male.

ESTERIA   Resta, o uom d'onore, resta!
          Che pace reca onore
          e disertar non disonora!
          Fuggiamo ora, messere
          e mai Ruggero potrà trovarci…

GHERARDO Ver è che negar battaglia
          non reca disonore,
          se la rinunzia è per onore,
          ma ne avreste forse voi il coraggio?

ESTERIA   No. Ché mai sceglierei di rompere

un giuramento fatto in vita, se non morendo.

GHERARDO   Non siete diversa da me.

Possa io morire, se dovessi venir meno

ad una promessa fatta, pur errando,

ma fatta a chi, allor, m'era amico.

Sia egli a sciogliermi dalla parola data,

sia egli a mostrarsi per quel traditor

ch'ei fu. Sia egli, non io.

ESTERIA   Andate dunque,

avete la mia benedizione.

Possiate voi tornare glorioso

del vostro solo onore.

Sia Ruggero conscio

d'aver perso sposa e fido consigliere,

ma d'aver preso un regno.

Sia io consapevole

d'aver perduto padre, fratello e re:

codesto fu 'l prezzo col qual Amor mi si mostrò.

Scortate, o messaggero, Gherardo,

degli amici il più fedele,

degli uomini il più onorevole

dei consiglieri il più leale.

Ed io saluto voi, Gherardo.

Unico mio fugace, eterno amore.

GHERARDO Signora, addio.

Qual sia l'esito, sento

che tardi non sia quel giorno

in cui vi rincontrerò.

Salute a voi, regina d'onestà,

dal cuor di ghiaccio e,

proprio perché tale, puro,

com'è l'animo vostro. Addio.

ATTO QUARTO
ATTO QUARTO, SCENA PRIMA
(Ruggero, Messo, Gherardo. Tenda di Ruggero.)

RUGGERO (*solo*)

    Or se tu potessi, fragil nunzio, giungere

    e a me recare il più fedel mio consigliere,

    unico conforto in queste avversità,

    grato te ne sarei, e ti premierei.

    Mala sorte è la guerra,

    vana ricerca d'effimero dominio.

    Lo so. S'avessi or vinto così non ragionerei,

    ma ho perso, Rinolfo è il vincitore.

    Domani, o chissà quando, egli attaccherà

    di nuovo e allor bisognerà

    combattere, vincere o morire.

    Trista è la sorte degli sconfitti.

    Possa io morire, nel veder la mia terra

    invasa, possa la mia luce spegnersi

    prima che il mio regno cada

    nelle turpi mani dell'invasore.

    Oh, me sciagurato! Uccisi

    il padre mio, unico che mi donò il

regno e che, forse, ora avrebbe potuto

aiutarmi. Maledetta sia l'anima

mia, perché mi volgo indietro.

Ora basta. Io non perderò.

Giungerà Gherardo, m'aiuterà.

Insieme organizzeremo l'esercito,

uniti vinceremo.

Possa tu perire, messaggero,

se ancor ritarderai!

E la mia sposa? Che ne sarà di lei?

Ella non m'ama, né ama il

mio regno. Se prigioniera o reina

ell'è incapace di soffrire.

Codesto dono ha nell'animo,

di dolor non dover morire.

Poss'ella adunque, s'io dovessi perdere,

cader nelle mani dei suoi.

Male, ne son certo, lor non

la tratteranno.

Ma… s'invece ella m'amasse?

Oh, che mai m'accade,

di a lei pensare?

Guerrier son io e volo di pensier

a donna non mi fa onore!

Via, via stralci di

pensier femminei,

via effimeri sentimenti

fiacchevoli l'animo,

via, danni di viril coraggio!

Io non so se l'amo...

Eppur vorrei vederla...

Un ultimo istante...

Prima della battaglia.

Un istante, sì, un istante

soltanto. Il suo volto puro,

il suo candor fanciullesco,

la sua silente presenza...

Maledetto siate voi,

padre funesto, ah, che

mi ordinaste di prender moglie!

A ciò servon le donne?

A dilaniar l'animo umano?

A render deboli i forti?
Dannazione a quell'amore,
oltraggio di guerriera virtù.

MESSO *(entrando)*
Eccomi giunto, sire,
per recarvi la persona
a voi più fida.
Codesta mi chiedeste,
questa venne.
Possiate voi conoscer senza soffrire
la sua vera umanità.

RUGGERO Che intendi dire, nunzio?

MESSO Egli non è fellon di guerra,
né guerriero incorruttibile
egli è uom, come voi siete.

RUGGERO Ben lo so. Egli è un fedele amico.

MESSO   Sia il destin che vi siete scelto
         non cagion di vostro oltraggio,
         sia l'animo vostro accorto e saggio
         e con sincera commozione
         possiate voi lasciare Gherardo vivere.

RUGGERO Suvvia, esci. Tu farnetichi.
         Lascia entrare il consigliere

(il Messo esce, Gherardo entra.)

GHERARDO Mio diletto amico!
         Che diletto voi vedere sano, salvo
         e ancor regnare!
         Come voi state? Siete forse voi ferito?

RUGGERO Nol sono. Ma il messaggero vostro
         e mio non parommi diretto e serio
         ma ambiguo e non sincero.
         Ditemi dunque, fedel Gherardo,
         qual pensiero vi si offusca in cuore?

GHERARDO (*tra sé*)

        Sia la vita mia trascorsa

        predetta da Colui ch'ogn'uom

        governa. Possa io non tremare

        per l'attesa pena.

RUGGERO Ho detto parla, non farfuglia!

GHERARDO (*tra sé*)

        Addio, sinceri sogni,

        purezza dolce, addio.

        Vado pel mio sentiero.

RUGGERO Che vai dicendo? Qual follia

        è mai questa, che tutti

        or v'attanaglia?

GHERARDO Non folle, sire, sono.

        Non folle, se d'amor

        follia sia assente.

RUGGERO   Amore? Quivi si discorre

di combattere, morire e vincere!

Cosa facesti tu sul mio trono?

Governasti o leggesti femminei romanzi?

GHERARDO   Nulla di tutto ciò. Amai.

RUGGERO   Quando verrà 'l tempo

quando avremo vinto,

quando sarò re

anche del regno di Rinolfo,

allor disposuerai

quella tua donna ch'ancor

ti fa tremare 'l core.

Non ora, amico mio, non ora.

Or dimmi… Esteria, com'ella sta?

GHERARDO   Ella spera.

RUGGERO   Ella spera in una vittoria?

Ditele che presto ell'avrà!

GHERARDO   Ella sogna, in libertà.

RUGGERO   Caduta è forse in prigione?

GHERARDO   No. In prigionia vi nacque.
            Ed ora sogna di viver la sua vita.
            Io la proteggerò.

RUGGERO   Spiegati, folle!

GHERARDO   L'amo.

RUGGERO   Voglia il ciel che tu sottenda: reina.
            Ché nobil cosa è amar la propria sovrana.

GHERARDO   Voi non intendete, sire.
            L'amo qual donna. Ed ella ama me.
            Peccai, lo riconosco, ma or vi prego.
            Ascoltatemi. Li occhi bassi a terra, tremo.

RUGGERO   Rimiri quel terren che va ad accoglierti!

GHERARDO   In ginocchio, mio re, son prostrato a voi.
V'affido la mia vita, v'affido quella d'"Esteria.
Ella non soffre che voi combattiate
il frater suo, pur conoscendo che d'ei
è la colpa. Ella va piangendo,
intra le lacrime sospira e chiede: pace.
Mi confessò d'esser sanza amore,
sanza amore fui anch'io.
La consolai, m'amò.
riconobbi io quell'amor che pria
credetti d'aver disconosciuto.
Non legge detta i sentimenti,
non uman decreto muove i cuori.
Ella solo ora chiede, e manda me,
per conto suo, che sia lasciata andare.
A voi lascia corona e dote,
per me soltanto il cuore.
Ed io a voi ciò chiedo:
non più guerra, non più dolor, ma pace.

RUGGERO   Traditore!

GHERARDO   No sire, non vi tradii!

Non è uom che va

chieggendo venia, traditor.

Concedetemi congedo,

voi a me e ad Esteria.
Troverete chi vi ami,
troverete amor e gloria!

RUGGERO   Codardo ch'altro non sei!

Or dunque, m'ingannavi!

Ti credetti uom d'onore,

ti scoprii codardo, per amore!

Amore? Che vai poi

dicendo, mentitor!

Ella non può amare,

ella è priva del suo cuore!

GHERARDO Vi sbagliate,
ella un cuor l'ha
ed anco amore!
Lasciatela, v'imploro,
lasciateci fuggir e
viver come fuggiaschi!
Amor decreterà
nostra salvezza o morte!

RUGGERO Giammai. tu, con
le tue parole, tu
scegliesti: Morte!

(Ruggero sguaina la spada e ferisce Gherardo)

GHERARDO Uccidetemi, ed ella
morirà con me.
Privata dell'onore,
privata dell'amore.

RUGGERO   Ella non puote saviar amare.

Vo' te lo dimostrartelo.

Uom ottenebrato,

non finto mio alleato,

non più fedel amico,

codardo, ladro, consigliere.

(chiamando a gran voce)
Messaggero!

MESSO   *(entra e vede Gherardo accasciato.)*

Oh cielo, sire!

Che avete mai fatto?

RUGGERO   Tu vai, parti e non dimandare.

Fa, ch'io fo.
A me comandare, a te ubbidire.

MESSO   Dunque è sorte a voi uomini

comune d'esser folli.

Per un poter che non avrai,

ti privasti del tuo amico.

RUGGERO   Cost'è? Tu parli come un dio?
          Pazzi è quel che tutti siete!
          Va', dunque, e annuncia alla
          mia sposa, infedele reina impura,
          dei ghiacci mal creatura,
          che quivi 'l suo amato giace
          e poi torna a dirmi qual mai dice
          nel sapersi senza amore.

MESSO   Perderete dunque anche la vostra sposa?

GHERARDO Mio re, v'imploro, uccidete me,
          non lei. Lasciatela fuggire,
          nella sua nera notte di dolore,
          e fate che poi si riprenda e possa
          rivivere ancora, felice.

RUGGERO   Che vai parlando, non interpellato,
          fellone! Taci, t'ordino,
          taci, per sempre!
          (Ruggero ferisce nuovamente Gherardo.)

ATTO QUARTO, SCENA SECONDA

(Messo, Esteria. Sala del Trono.)

ESTERIA *(tra sé)*
Disillusa dal pellegrinar sognante
m'accingo a questa vita giungere
e con angoscia a continuar.
Forse sperar m'è concesso
che qualcosa finendo cambierà
ch'io potrò trovar soltanto
quel che cercar vado errando.

MESSO Mia signora, giungo per voi.

ESTERIA Oh, siate il benvenuto!
Ma ditemi, perché
Gherardo non è con voi?
Ei forse lo trattiene,
qual pegno d'altro
suo crudel potere?
Ei ha dunque accettato?

Orsù, parlate, messer
messaggero, parlate, v'imploro!

MESSO Ah, dolce reina voi
m'implorate dolor grande
nero rimorso so
che dalle mie parole trarrò.

ESTERIA Che andate dicendo, fedel messo?
Non pena v'è nelle parole
d'un ambasciatore.
Ma, ancor v'imploro, se c'è in voi onore,
non fate che vostra reina
perisca dal dolore.
Ditemi, e più non mi fate attendere!

MESSO Ordunque, non m'è concesso
recarvi morte!

ESTERIA Io ve lo impongo!

MESSO   Coscienza me lo impedisce.

ESTERIA   Parlate, è un ordine!
             Che mai disse re Ruggero?

MESSO   Non quel che disse conta,
             no, ma quel che fece.
             Mia signora, imploro da voi
             perdono per quel che vo'
             dicendo. Morte vo' dirvi,
             morte vi reco.
             Ruggero non seppe amare mai,
             ma il poter senza l'amore,
             al solo odio porta.
             Incapace dunque d'amare,
             fu lui, non voi!
             Ed ei fu geloso,
             credette d'avervi persa,
             or non so. Impugnò la
             spada, brandì la gelosia,
             furente colpì Gherardo,
             ch'or a terra giace morente.

(Esteria lancia un grido.)

MESSO   Perdono imploro, reina!

ESTERIA   O signore caro,
             tra le lacrime vi dico,
             perdon non v'è a questo mondo.
             Vorrei però poter io chiegger
             così poco, perdono, alla stregua vostra.
             Non m'è concesso amare,
             allor non segua altra vita.
             Perdono io non chiederò,
             ma morte, morte soltanto.
             Or dunque andate dal mio crudele re
             ed annunciategli che il giglio bianco
             ch'ei credette di portarsi via
             dal Regno dei Ghiacci
             or giace insanguinato tra la neve,
             floreal candore
             dal purpureo intarsio

rivolo, in glacial ninvore.

Parlate col morente,

- Gherardo mio, possa Morte coglierti

dopo ch'avrai sentito

l'estremo mio sospiro! -

e ditegli che v'ho detto questo: l'amo.

Via, via più non posso veder

altra uman vestigia

che questo mondo, ormai,

più non m'appartiene.

MESSO   Sia il mio addio

Il più sincer dolore

d'eterno vostro commiato.

(il Messo esce di scena.)

(Esteria, sola, sale sulla torre più alta del palazzo.)

ESTERIA   Sugli spogli prati incolti

cadranno bianchi fiocchi.

Sulle nude colline scure

si distenderà la Bianca Signora.

Riposerà la stanca terra

sotto la coltre di chiara luce.

E quando infine la dolce notte

darà sollievo al tempestoso giorno,

nel nero cielo d'inverno

brilleran le lucenti stelle.

Dalle nubi sortirà l'argentea regina

a rimirar la candida compagna

sott'ella addormentata.

Carpirà l'affannoso mondo
l'eterna luce celeste.
Solo allora finalmente
Il mesto cuore accoglierà il riposo.

Sarà la morte.
Sarà la fine.
Sarà la pace.

*(Esteria si spoglia, restando
in una bianca tunica.)*

Via, quest'abito luttuoso,
nero di dolore e di sconforto!
D'ineffabil candor sarò vestuta
nell'estrema mia ora.

Oh, nevi sempiterne accogliete
colei che, bambina, giocosa
corse sui vostri brillanti cristalli.
Ridevo, col gelo che mi sferzava le gote.
No, futur non conoscevo,

meglio sarebbe stato morir allora,

raggiungere mia madre

e non conoscer altro dolore

se non quello di neve

che si discioglie al sole.

Ma or destin mio doloroso s'è compiuto.

Mondo crudele, che purezza non ami,

addio! Gherardo mio, unico

uom d'onore, attendi.

Lutto non sia,

se Fato vuol sì,

ch'io ti raggiunga… ora!

(Esteria si getta dalla torre.)

ATTO QUARTO, SCENA TERZA

(Ruggero, Gherardo, Messo. Tenda di Ruggero.)

RUGGERO Questo dunque tu hai voluto,
perdere. Domani avremmo dovuto
vincere, Rinolfo sopraffare.
Tu volli disertare, codardo.
Or giaci morente,
a che guadagno?

GHERARDO Possa Colui che regna me perdonare.
Possiate voi, re, ravvedervi.
La guerra non porta guadagno,
follia, soltanto. Vano è quel potere
per cui m'avete ucciso.
Esteria, oh mia diletta…
Ditele… che l'amo.

RUGGERO   Taci! Tu hai voluto
tutto questo! Ma taci,
morente, ti dico, taci!
Or giunge il messaggero.

GHERARDO   A portar morte e poi sconfitta.

RUGGERO   Parla, nunzio
affannato, dimmi.

MESSO   Annunziai alla regina
la morte di Gherardo.

RUGGERO   Che disse?

MESSO   D'annunziargli che l'ama.

GHERARDO   Oh candor sereno dei ghiacci
in indegna terra di lava!

RUGGERO   Taci, maledetto!

   E poi, ch'altro rispose?

MESSO   Recò a me l'ultimo saluto.

   Ella non poté venire.

   Il dolor fu tale che morte

   la colse subitaneamente.

RUGGERO   Che vai dicendo?

   Ciò è impossibile!

   Ella è sanza cuore!

GHERARDO   T'inganni, o re d'inganni.

MESSO   Esteria non volle più vivere.

   Salì sulla torre più alta,

   guardò la neve sottostante,

   le rammendava la sua fanciullezza.

   Pianse. Vi si gettò dall'alto.

   E la bianca, profonda coltre

   l'accolse, riprendendosi

quella creatura sublime
che le era stata tolta.
Questo fu, o re.
Or vado. Gherardo,
fedel cavaliere all'amore,
alla lealtà, al coraggio,
possa a voi Morte far da
unione, connubio eterno
in mortal sospiro estremo,
sposalizio funereo in
eterno Altrove. Addio.

(il Messo esce di scena.)

RUGGERO *(coprendosi il volto con le mani)*

          Maledetta sia l'anima mia!
          Credetti di non amarla.
          Troppe volte m'ingannai!
          Ma ella fu senza cuore!

GHERARDO   Diletta stella della notte scura
          col lume tuo luce diffondi
          intra le nere tenebre profonde.
          Luce, pei dispersi, di speme, porto.

          Sposa, dei ghiacci sposa
          ineffabil giglio, di purezza reina.
          Neve fosti, di candor coronata
          neve sii alta e sublime creatura.

          Accogli, o fior, quest'anima stanca,
          reca, o stella, a quest'alma solacio.
          E a te soltanto, glaciale stella

In nera terra giunta, or al ciel tornata,

te sola spero di veder in estremo

in mio mortal ultimo sguardo.

(volge gli occhi al cielo)

A te giungo, Esteria lunare.

(rivolto a Ruggero.)

Non donna sanza cuore,

ma dal cuore di ghiaccio.

E quando quei si spezza,

non reca a lei dolore,

ma, impercettibilmente, muore.

(Gherardo muore.)

ATTO QUINTO
ATTO QUINTO, SCENA PRIMA
(Ruggero, Rinolfo. Sul campo di battaglia.)

RUGGERO Or eccoti d'innanzi, al tuo nemico giunto.
Movesti guerra al cognato tuo,
indegno guerreggiar scegliesti!
Ma buona proposta, unica
accogliesti saggiamente.
Vani furon i tuoi bardati
mercenari, se sol io e te
accettammo di scontrarci.
Fato decreterà a chi morte,
a chi vittoria seguiterà.
Duelleremo noi due soltanto,
ché non sia di cavalieri strage
la brama nostra –e nostra sola–
ch'a guerreggiar ci spinge!

RINOLFO Tu uomo sanza onore,
tu rapisti mia sorella
sol perché, si disse, senza cuore.

Nostro padre te la concesse,

vero è! Ma poi ché lui morì

tu già pensasti d'invadere il nostro regno.

Dicasi ch'ei morì per mano tua.

Io lo ignoro. Ma non nego

che tu potresti aver spodestato

di tua sponte il re del regno mio.

Il veleno corre veloce per le coppe regali.

RUGGERO Uccisi un re di mia mano

negar non lo posso,

ma non fu egli 'l padre tuo.

RINOLFO Quand'un uom d'uccider'è

capace, più non disimpara.

E tu mentisti, io ben lo so,

mentisti a tua moglie,

mentisti al tuo re.

Perché mai io dovrei credere

che tu non mentiresti a me?

RUGGERO   Morte colse tuo padre,

non ne fui io l'artefice!

A Morte seguitò brama,

desiderio di riprenderti ciò

ch'ad Esteria il tuo re avea dato in dote.

Cupidigia di impadronirti del mio trono!

Questa è veritade,

non mendace amor fraterno!

RINOLFO   Con qual sì vergognoso cipiglio,

usurpator patricida, osi parlare?

Tu, ch'avvelenasti –si vocifera,

ed io vi credo, voci sussurrate son

più veritiere che regali grida-

tu ch'avvelenasti il padre tuo

per regnar sanza contrasti,

tu osi ora rinfacciar a me

quel per cui io vo' marciando,

che mi spetta di diritto?

Ahi fallace alleanza ingannatrice!

Questo fu il re a cui acconsentii

>   d'esser cognato? Senza pudore
>   e senza onore, re di vuoto regno,
>   come vuoto è 'l tuo cuore.

RUGGERO   Della famigerata unione
            più non disperare,
            morto è 'l tempo in cui fummo cognati.

RINOLFO   Che vai dicendo, vergognoso?

RUGGERO   Vergognoso chiami chi siede
            su quel trono che tu vuoi usurpare.
            Non m'importa, le offese d'un bramoso
            più non mi possono ferire.
            Null'ora sei più, per me!
            Esteria è morta, morta suicida!
            Tua sorella traditrice, non disdegnò
            d'amare quel falso consigliere
            ed ei osò confessarlo,
            per questo subit'ei perì.
            Ed ella si gettò dall'alta torre

del palazzo che l'aveva accolta,
non appena seppe che
il suo scelto era morente.
Ed ella si gettò dall'alta torre,
imporporando di rosso sangue
la candida sua neve natale.

RINOLFO   Assassino! Codardo! Indegno
re porta la corona che fu di
tuo padre, tu, usurpatore
per primo del tuo stesso regno.
Non purezza vi fu mai nel tuo
palazzo, sol periglioso inganno
e vana di poter fortuna.
Ahi perirai per questo,
ladro di sogni, uccisor di donzelle,
assassino d'amici, sol di violenza amico.
(Rinolfo parte all'assalto)

RUGGERO   Tu non questo potrai dire,

            sol di poter bramoso,

            sol marci per denaro.

RINOLFO   *(dopo un breve duello, Rinolfo trafigge Ruggero.)*

            Muori! Pel tuo padre,

            per il tuo consigliere, muori!

RUGGERO   *(Trafiggendo a sua volta Rinolfo)*

            Di viver t'illudi, fellon bramoso.

            Morremo, or dunque,

            ma non per regnar ancora.

RINOLFO   Muori! Per l'amor di mia sorella

            (trafigge di nuovo Ruggero)

            e per – se vero fu che tu l'uccisi-

            per il mio buon padre. Muori!

RUGGERO   Non sol da Morte fuggi,

            ma pur da veritade.

            No, io non fui a porrer fine

            alla paterna vita.

(*Ruggero e Rinolfo estraggono, vicendevolmente,
la spada dal corpo dell'avversario:
i due collassano a terra, l'un di fronte all'altro*)

RINOLFO   Non sol tu fosti l'assassino,

            ma pur tu fosti falso!

(*Due donne s'avvicinano alle spalle
rispettivamente dei morenti Ruggero e Rinolfo:
sono la Morte, che s'avvicina a Rinolfo
e la Dama Velata, che s'avvicina a Ruggero.
Ruggero e Rinolfo vedono solo l'entità
che si è avvicinata all'avversario.*)

RUGGERO Or ecco odo morte giungermi.
Ma anche a te raggiunge
subitaneo il mortal pallore.
Or guarda il sangue che
dalle tue labbra sortisce,
or vedi il fianco tuo
di schiuma sanguigna ribolle
ed il tuo cuor si svuota
dell'ultima purpurea goccia.
Or dimmi, voler necessitava
d'una sì tale marcia,
per rapirmi il regno,
se una sola donna furente
doveva presenziare all'ultimo
tenzon di morte nostro?
Or eccola laggiù, ferma e rorida
ella sta e nera avanza,
la falce tien ben lucida,
scheletrica la mano, indica noi.

RINOLFO   Tu guardi oltre 'l tuo aspetto
             e non dietro 'l tuo corpo.
             Ma io scorgo avvicinarsi
             una femminea figura.
             Ella è velata, come quella mala
             creatura che un dì io incontrai.
             Ella è colei che ti spinse
             a domandar Esteria in sposa,
             ella è colei che mi disse
             di marciar contro il tuo regno.
             Ella s'en va, fiera e funesta
             e con la man scarna, indica te.

RUGGERO   Oriam che Morte giunga lesta
             e non lento tormento calpesti
             la nostra estrema ora.

RINOLFO   *(riafferrando la spada)*
             Ora tu stesso, or che te ne serve.
             Non io. Tu morirai ben presto,
             lordo, di regno indegno.

RUGGERO   Morte sopraggiunge! vuoi tu
           negar perdono, tu abbandoni Clemenza?

RINOLFO   Clemenza? Tu non l'avesti mai.
           E ora taci, taci per sempre,
           lurido d'animo, sporco di cuore.
           Muori, re! Or re son io!

(Rinolfo trafigge per l'ultima volta e a morte Ruggero, poi, ferito anch'egli a morte, muore. La Morte porta via il suo corpo, mentre la Donna Velata s'avvicina a Ruggero.)

ATTO QUINTO, SCENA SECONDA

(Donna Velata, Ruggero muto sulla scena, Rinolfo morto.)

DONNA VELATA Morte, reca con te 'l codardo,

portalo via nei tuoi antri più oscuri.

Che il nero perenne sia a lui

unico solacio per il tanto

bramato altrui trono.

Quivi io parlerò con l'altro rimasto,

ch'ei credette di vincere, morendo.

L'illusione più amara è quella

dell'inesistente conforto.

Morte, tu a costui non guardare

ché mai sarà in tuo pugno.

Lascialo, infelice.

Ei morte tanta diede

e morte ricever non deve.

ATTO QUINTO, SCENA TERZA
(Donna Velata, Ruggero.)

RUGGERO   Or dunque morte non m'è giunta,
vita immortale, per me, dopo vittoria
fu quindi decretata?

DONNA VELATA   Ci si rivede, giovane re.

RUGGERO   Che vuoi? Mai ti chiesi di tornare!

DONNA VELATA   Non voi mortali decidete per noi,
stolti ed illusi che altro non siete.
Ritorno a mio piacimento poiché
è mio potere l'altrui destino.
Piacciavi sì tanto creder ciò.

RUGGERO   Che vai dicendo?

DONNA VELATA   Quel che tu vuoi dimandare, cavaliere,
ma che il tuo orgoglio ti proibisce di chiedere.

RUGGERO   Orsù, parla, maligna creatura!

DONNA   Non da te ricevo ordini,
VELATA   ma da quel, ch'agendo, ho in scelta.
          Ti domanderai perché sei ancora vivo,
          nonostante la spada di Rinolfo
          t'abbia trapassato il cuore.

RUGGERO   Morire, questo dev'essere il mio destino!

DONNA   T'inganni, o cavaliere, t'inganni.
VELATA   Morire sarà il tuo ineffabile destino.
          Vivere, sarà la tua condanna.

RUGGERO   Mai mi dicesti, tu che vita
          sarebbe stato l'alto prezzo
          d'un sì fatale gesto!

DONNA VELATA Tu lo scegliesti.

Tu desti morte.

Tu ricevesti vita.

Orsù, vivi e comanda,

su codesto regno di morti!

RUGGERO Non può essere così!

Tu mi consigliasti di sposare

Esteria, donna sanza cuore

che non m'avrebbe tradito mai,

ma tutto quel che tu mi dicesti,

menzogne furon, menzogne!

DONNA VELATA T'inganni, cavaliere, t'inganni.

Fosti tu a sceglier di sposare

donna dal cuore di ghiaccio,

illudendoti che il giaccio

non potesse sciogliersi.

Tu ti desti la risposta

a domanda che tu stesso

con tuo inganno ti scegliesti.

RUGGERO   Tu mi dicesti ch'ella fosse senza cuore!

DONNA   Tu lo proferisti. Io non lo dissi mai.
VELATA   Tu rinnegasti Amore in nome di Potere.
          Tu ottenesti turbolenta vita,
          in cambio di quieta morte.
          Or ché, non gioisci?
          Quel che volesti, l'hai,
          quel per cui facesti guerra, ora è tuo!

RUGGERO   Ahi strega! M'ingannasti!
          Tu mi dicesti cose le qual ora ritratti
          Ma tu mi convincesti a dimandar la mano d'Esteria
          Tu incistasti Rinolfo ad attaccare me,
          tu fosti la colpa di ciò ch'ora è mia sventura!

DONNA   T'inganni, cavaliere, t'inganni.
VELATA   Tutto ciò ch'accade è opra di voi uomini
          che v'illudete sia mano del destino,
          per discolpare voi ed incolpare altrui.

Ma non è Fato l'ignominioso re

di tal sì trista sorte

né sono io né chi altro per me

piaccia a voi incolpare.

Tu decretasti d'uccidere tuo padre,

di non amar la sposa,

di vita togliere a chi in vece tua l'amò.

Rinolfo decretò d'attaccare te,

per riaver non sorella

ma eredità di lei.

E, ancor prima, il Re dei Ghiacci

credette di pagare

alto pegno in vece di vittoria

e accolse d'aver figlia senza cuore,

ma sanza ella non fu mai.

Poiché tutto ciò ch'accadde

fu opra di voi uomini,

voi sventurati artefici

del destino vostro.

Voi, tremebondi spettatori

di vita vostra sola

(seppur che vostra non sia

vi piaccia credere).

Voi, pavidi codardi,

reietti di non vinte guerre

ma da voi combattute, e da voi,

da voi soltanto mosse.

Ahi, perirete, ordunque, stolti!

D'inganno vi crogiolaste,

in sogni effimeri di potere nero

decretaste d'uccider i vostri cari,

vilmente, senza onore,

com'arciere che colpisce alle spalle,

come codardo cacciatore.

Ma balestra che puntaste

a valorosa vittima

or si rivolge a voi, e mira.

E voi, pavidi assassini,

osaste dar la colpa a me.

Ma io, stolti, io non esisto!

Disvelerò il mio volto e conoscerete

ch'altro non son che voce

del vostro ignobil cuore

temerario d'amore, incapace di sincerità.

Or pagherete, ordunque, vili!

In nome del potere, per un trono vuoto,

uccideste chi amore, pace

e giustizia darvi avrebbe potuto.

Or è fatta. Siete re.

Rinolfo è morto,

tuo padre non è più.

La sposa infedele, la cui

unica colpa fu d'amare

chi, a differenza vostra,

ricambiò il suo amore, suicida.

Il valoroso consigliere, morto,

assieme a lei.

E voi? Voi or regnaste

su un regno d'assenti,

nel pallor d'un giorno senza fine,

del niente ed eterno reame di candore.

Morire? Troppo è per voi,

ché mai voi lo disidiaste.

Morte donaste a troppi,

per aver vita e potere.

Vivete, ordunque, per sempre.

E sia la condanna vostra.

(La Donna Velata si toglie il velo e sotto esso è il nulla. Scompare.)

ATTO QUINTO, SCENA QUARTA

(Ruggero, davanti al corpo di Esteria, alla soglia del Regno dei Ghiacci.)

RUGGERO   Or eccomi giunto alla soglia

degli Eterni Ghiacci regno, ove custode

sian, a vostra prematura morte,

li spiriti de' vostri avi.

Quivi io reco il corpo

di moglie mia dormiente,

reina sanza amore,

ma dal cuore di ghiaccio.

Sostai innanzi a tomba

del mio perduto amico,

sol giunto in funerea ombra

per mano mia, nemico.

Gherardo, addio Gherardo

sincero consigliere, amante valoroso,

di mia sposa ossequioso,

di gelosia mia incerta, vittima.

Sostai avanti, inginocchiato

ai piè di mia paterna tomba,

anch'egli, re, mio padre,

di mia sposa amico.

Morto, per mia mano,

d'assassin figliuol, perito.

E seppellii Rinolfo, fratel di sposa mia,

ingannato da Velata Dama

d'ignara avidità protettrice,

defunto per mia spada,

io, assassin, di lui cognato.

Ed or'al cospetto son d'Esteria

reina nobil pur d'aspetto,

per colpa mia suicida.

Io tolsi a lei l'amore,

togliendo a me l'amico.

Lei tolse a sé la vita

a me dando morte eterna.

Ahi siate maledetti voi,

dell'avarizia figli, d'avidità fratelli,

di poter desiderosi, di ricchezze padri,

progenitori e custodi,

e d'amor voi uccisori incauti.

In questa turba di gelo eterno,

vortice di neve eterna

eterno turbine di candor tuo,

restituisco al Regno da cui

fu tolta, sposa, colei

che ne fu la principessa.

Addio, or dunque, reina d'incanto

toppo nobile per appartenermi,

incantatrice tuo malgrado,

di ghiaccio cuore e animo.

Fragile fu l'anima tua,

eterne possan essere

le nevi che ricopriran tuo corpo.

Possa il tuo stanco padre

Re dei Ghiacci accoglierti,

non più nel suo reame,

ma in regno d'altra vita.

Possiate voi, mia sposa persa

egli, mio suocero scomparso,

vostro fratello, mio cognato morto,

trovare eterna pace, in eterno sonno.

A me sia di perir

destino, in mortale vita.

Possa chi per voi or prega

non mover guerra a me,

già inevitabilmente oppresso,

costretto a viver nel dolore.

Dicono che uscisti dagli alti cancelli

glaciali, senza mai voltarti indietro.

Correva la tua carrozza

verso il mio regno destinata.

Dicono che guardasti fuori scorrere

tutto l'innevato tuo regno

fuggir sotto i tuoi innocenti occhi.

Dicono che piangessi.

Te ne andasti da viva, fragil fior dei ghiacci,

or vi torni da morta, dormiente

sotto l'imperturbabil coltre

delle tue bianche nevi.

Marcirò per questo nel rimorso,

vivendo senza morire.

Orsù, spiriti dell'aria andate,

fuggite dal mio regno di nebbia

serratene i cancelli, i cardi del levatoio ponte.

E dite ai popoli che vorran sapere

ch'io son Ruggero

sconfitto dal volere,

re d'Eterno prigioniero.

Addio, or dunque, Esteria.

Ingiusta morte ti sia pace,

terribil vita mi sia condanna.

ESODO

(Messaggero ed Ancella.)

ANCELLA Triste condizione, è quella degli uomini.
Vogliono, ottengono e poi si pentono.

MESSAGGERO Se scelgon di non ottenere,
si ferman prima e poi soffrono.

ANCELLA Se scelgon d'ottenere, concludono e poi soffrono.

MESSAGGERO Il pentimento è la condanna
di coloro ch'ardiscono troppo.

ANCELLA Sia! Uman destino è l'indugiare,
sofferenza è comun sorte,
fugace gioia lor appartiene.
Sol un dono ottennero, dagli dei:
il dover morir, un dì.

MESSAGGERO   Dono che accoglier no,

lor non sepper mai.

Desiderarono tutto,

alla stregua d'immortali

e tutto poi temettero,

come i mortali che fuissero.

Indugio e rischio, sognar e ardire

distrusser quei brevi istanti

che di felicità essi avean potuto.

ANCELLA   Poi invocano gli dei,

implorano gli altissimi

e maledicon gli inferi.

Ma io, caro compagno, io ti dico

d'ogni lor imprecazione mi stupisco,

poiché noi mai padroni fummo

del di lor futuro scelto,

ma loro, padroni delle lor decisioni sono!

MESSAGGERO   Delle loro accuse, sol bisogna sorridere,

non v'è speranza ch'essi comprendano

che lor è il lor destino.

ANCELLA   Or dunque, fedele amico,

torniamo alle beate sedi,

te ne prego, perché a rimirar

l'uman discordia e la triste

sorte che sulla terra regna,

per voler d'illusi suoi protagonisti,

io mi rattristo.

MESSAGGERO   Sia, mia cara ascoltatrice.

Gli Dei ci attendono e i lor messaggi

noi dovrem recare.

ANCELLA   Messaggi di morte e di sventura

o segni d'imminente gloria?

MESSAGGERO Che importa? Ogni presago segnale
non è che un tassello del disegno del mondo.
Comunque esso sia, tal si dovrà compiere.
Nel vorticoso mare, dagli uman chiamato fato,
lor sol una parte fu concessa: amare.

Essi mai la sanno cogliere, perché fraintendono,
perché travisano. Essi voglion solo: potere.

ANCELLA Sorrido alla tua saggezza, coglitrice di mestizia.
Or tornerem ai beati mondi, Ermes.

MESSAGGERO Sia, Iris divina, tu vai, io arriverò.
Attenderò Ecate d'oscurità lucente,
che il suo manto stenda
sull'Urania volta.
E poi si leverà Aurora
dal croceo letto di Tritone
e condurrà il roseo suo carro
per stender nuova luce.
Poi Fetonte che riaccende

d'oro purpureo il cielo,

nell'aureo caldo sole

si spargerà il giorno.

E ad ogni alba segue il tramonto,

e ad ogni notte corre l'aurora.

Ad ogni gioia segue il dolore,

ad ogni sconfitta corre vittoria.

Imperturbabil gesti,

vaghi volenti segni,

chimere o real leoni,

eventi senza tregua

mondo senza fine

destin senza sovrano.

(Explicit Tragoedia.)

INDEX

ELOGIO DELL'INATTUALE 5
COMMENTO STRUTTURALE...7
La Sposa dei Ghiacci..19
   DRAMATIS PERSONAE 20
PARODO..21
ATTO PRIMO 31
   ATTO PRIMO, SCENA PRIMA 31
   ATTO PRIMO, SCENA SECONDA 33
   ATTO PRIMO, SCENA TERZA 39
ATTO SECONDO 45
   ATTO SECONDO, SCENA PRIMA 45
   ATTO SECONDO, SCENA SECONDA......................................57
   ATTO SECONDO, SCENA TERZA...60
   ATTO SECONDO, SCENA QUARTA 65
ATTO TERZO...67
   ATTO TERZO, SCENA PRIMA 67
ATTO QUARTO 85
   ATTO QUARTO, SCENA PRIMA 85
   ATTO QUARTO, SCENA SECONDA 98
   ATTO QUARTO, SCENA TERZA 106
ATTO QUINTO.. 113
   ATTO QUINTO, SCENA PRIMA.. 113
   ATTO QUINTO, SCENA SECONDA 123
   ATTO QUINTO, SCENA TERZA 124
   ATTO QUINTO, SCENA QUARTA... 132
ESODO.. 137

www.ingramcontent.com/pod-product-compliance
Lightning Source LLC
LaVergne TN
LVHW010334070526
838199LV00065B/5745